PROJETO

Ápis

EDUCAÇÃO INFANTIL

DANTE E NOEMI

LINGUAGENS

DE ACORDO COM A BNCC

CB137181

LUIZ ROBERTO DANTE

- LIVRE-DOCENTE EM EDUCAÇÃO MATEMÁTICA PELA UNIVERSIDADE ESTADUAL PAULISTA "JÚLIO DE MESQUITA FILHO" (UNESP-SP), *CAMPUS* DE RIO CLARO
- DOUTOR EM PSICOLOGIA DA EDUCAÇÃO: ENSINO DA MATEMÁTICA PELA PONTIFÍCIA UNIVERSIDADE CATÓLICA DE SÃO PAULO (PUC-SP)
- MESTRE EM MATEMÁTICA PELA UNIVERSIDADE DE SÃO PAULO (USP)
- LICENCIADO EM MATEMÁTICA PELA UNESP-SP, RIO CLARO
- PESQUISADOR EM ENSINO E APRENDIZAGEM DA MATEMÁTICA PELA UNESP-SP, RIO CLARO
- EX-PROFESSOR DO ENSINO FUNDAMENTAL E DO ENSINO MÉDIO NA REDE PÚBLICA DE ENSINO
- AUTOR DE LIVROS PARA A EDUCAÇÃO BÁSICA

NOEMI BIANCHINI

- DOUTORA EM SOCIOLOGIA DA EDUCAÇÃO PELO PROGRAMA EDUCAÇÃO, HISTÓRIA, POLÍTICA E SOCIEDADE DA PONTIFÍCIA UNIVERSIDADE CATÓLICA DE SÃO PAULO (PUC-SP)
- MESTRA EM EDUCAÇÃO ESCOLAR PELA UNIVERSIDADE ESTADUAL PAULISTA "JÚLIO DE MESQUITA FILHO" (UNESP-SP), *CAMPUS* DE ARARAQUARA
- PÓS-GRADUADA EM TEORIA E CRÍTICA LITERÁRIA PELA UNESP-SP, ARARAQUARA
- LICENCIADA EM LETRAS E PEDAGOGIA PELA FACULDADE DE FILOSOFIA, CIÊNCIAS E LETRAS DE ARARAS (FFCLA)
- EXPERIÊNCIA COMO SUPERVISORA E COORDENADORA DE CONTEÚDOS PARA CURSOS DE FORMAÇÃO DE PROFESSORES
- EX-PROFESSORA DOS CURSOS DE GRADUAÇÃO E PÓS-GRADUAÇÃO NAS ÁREAS DE CURRÍCULO, LEGISLAÇÃO, GESTÃO E ALFABETIZAÇÃO
- EX-PROFESSORA DO ENSINO FUNDAMENTAL E DO ENSINO MÉDIO NAS REDES PÚBLICA E PARTICULAR DE ENSINO

ea editora ática

2

editora ática

Presidência: Mario Ghio Júnior
Direção editorial: Lidiane Vivaldini Olo
Gerência editorial: Viviane Carpegiani
Gestão de área: Tatiany Renó
Edição: Luciana Nicoleti (coord.), Marina S. Lupinetti (coord.) e Danuza Dias Gonçalves
Planejamento e controle de produção: Flávio Matuguma, Juliana Batista, Felipe Nogueira e Juliana Gonçalves
Revisão: Kátia Scaff Marques (coord.), Brenda T. M. Morais, Claudia Virgilio, Daniela Lima, Malvina Tomáz e Ricardo Miyake
Arte: André Gomes Vitale (ger.), Catherine Saori Ishihara (coord.) e Kleber de Messas (edição de arte)
Diagramação: R2 Editorial
Iconografia e tratamento de imagem: Denise Kremer e Claudia Bertolazzi (coord.), Fernanda Gomes (pesquisa iconográfica) e Fernanda Crevin (tratamento de imagens)
Licenciamento de conteúdos de terceiros: Roberta Bento (ger.), Jenis Oh (coord.), Liliane Rodrigues, Flávia Zambon e Raísa Maris Reina (analistas de licenciamento)
Ilustração: Alberto Stefano
Cartografia: Eric Fuzii (coord.) e Robson Rosendo da Rocha
Design: Erik Taketa (coord.) e Talita Guedes (proj. gráfico e capa)
Projeto gráfico: Estúdio Apis Design
Ilustração de capa: Barlavento Estúdio Criativo

Avenida Paulista, 901, 6º andar – Bela Vista
São Paulo – SP – CEP 01310-200
http://www.somoseducacao.com.br

Dados Internacionais de Catalogação na Publicação (CIP)

Dante, Luiz Roberto
Projeto Ápis : Educação infantil : Linguagens : volume 1 ao 3 / Luiz Roberto Dante, Noemi Bianchini. -- 2. ed. -- São Paulo : Ática, 2020.
(Projeto Ápis ; vol. 1 ao 3)

Bibliografia

1. Educação infantil I. Título II. Bianchini, Noemi III. Série

20-1427 CDD 372

Angélica Ilacqua - Bibliotecária - CRB-8/7057

2020
Código da obra CL 750421
CAE 721310 (AL) / 721309 (PR)
ISBN 9788508195800 (AL)
ISBN 9788508195817 (PR)
2ª edição
1ª impressão
De acordo com a BNCC.

Impressão e acabamento EGB Editora Gráfica Bernardi Ltda

Uma publicação SOMOS EDUCAÇÃO

Alberto Stefano/Arquivo da editora

A **COLEÇÃO ÁPIS EDUCAÇÃO INFANTIL** CHEGA ATÉ VOCÊ TRAZENDO MUITO APRENDIZADO!

COM UMA LINGUAGEM SIMPLES E ATRAENTE, OS CONTEÚDOS ACOMPANHAM SUA EVOLUÇÃO E SEU DESENVOLVIMENTO.

COMPARTILHE, APRENDA E DIVIRTA-SE!

DANTE E NOEMI

CONHEÇA SEU LIVRO

ESTA É A **TURMA DA LIA**, QUE VAI ACOMPANHAR VOCÊ DURANTE O ANO TODO.

LIA BETO SOFIA BRUNO CAUÃ ANA MANUELA

MATERIAL DE APOIO

SEMPRE QUE VOCÊ ENCONTRAR ESTE ÍCONE SIGNIFICA QUE **HÁ PEÇAS E FIGURAS A SEREM DESTACADAS** NO FINAL DO LIVRO.

SUGESTÃO DE...

TODA VEZ QUE APARECER O BOXE **SUGESTÃO DE...** VOCÊ VAI ENCONTRAR INDICAÇÕES DE MATERIAIS QUE COMPLEMENTAM OS TEMAS TRABALHADOS NO LIVRO, AMPLIANDO SEU APRENDIZADO!

- ESTAS SÃO AS SEÇÕES DE SEU LIVRO:

AS **ABERTURAS DE UNIDADE** INTRODUZEM O TEMA.

NA SEÇÃO **HORA DO JOGO E DA BRINCADEIRA**, VOCÊ RETOMA OS CONCEITOS TRABALHADOS COM ATIVIDADES LÚDICAS E JOGOS QUE TORNAM SEU APRENDIZADO MUITO MAIS DIVERTIDO!

NA SEÇÃO **LER E ESCREVER – PRIMEIROS PASSOS** VOCÊ ENCONTRA ATIVIDADES PARA LER, ESCREVER, CONVERSAR, OUVIR...

A SEÇÃO **HORA DA HISTÓRIA** PROPORCIONA MOMENTOS PARA OUVIR E CONTAR HISTÓRIAS, APRENDER E SE DIVERTIR!

A SEÇÃO **VAMOS CRIAR?** DESAFIA VOCÊ A USAR A IMAGINAÇÃO E A CRIATIVIDADE PARA PENSAR SOLUÇÕES, PRODUZIR E APRENDER MUITO!

SUMÁRIO

UNIDADE 1

UNIDADE 2

SUMÁRIO

UNIDADE 3

UNIDADE 4

UNIDADE 1

TODAS AS COISAS TÊM NOME... NOSSOS NOMES

Alberto Stefano/ Arquivo da editora

VOCÊ JÁ SABE O NOME DOS COLEGAS DE TURMA?

NÓS E NOSSAS HISTÓRIAS

- DIVIRTA-SE COM ESTA CANÇÃO!

GENTE TEM SOBRENOME

TODAS AS COISAS TÊM NOME,
CASA, JANELA E JARDIM.
COISAS NÃO TÊM SOBRENOME,
MAS A GENTE SIM.
TODAS AS FLORES TÊM NOME:
ROSA, CAMÉLIA E JASMIM.
FLORES NÃO TÊM SOBRENOME,
MAS A GENTE SIM.
[...]
RENATO É ARAGÃO, O QUE FAZ CONFUSÃO,
CARLITOS É O CHARLES CHAPLIN.
E TEM O VINÍCIUS, QUE ERA DE MORAES,
E O TOM BRASILEIRO É JOBIM.
QUEM TEM APELIDO, ZICO, MAGUILA,
XUXA, PELÉ E HE-MAN.
TEM SEMPRE UM NOME E DEPOIS DO NOME
TEM SOBRENOME TAMBÉM.

GENTE TEM SOBRENOME, DE TOQUINHO E ELIFAS ANDREATO. DISPONÍVEL EM: <WWW.TOQUINHO.COM.BR/GENTE-TEM-SOBRENOME>. ACESSO EM: 25 SET. 2019.

Alberto Stefano/Arquivo da editora

- DIGA AOS COLEGAS SEU NOME E SOBRENOME.

MEU NOME

VOCÊ TEM UM NOME. ELE É REPETIDO SEMPRE QUE ALGUÉM QUER FALAR COM VOCÊ.

TODO MUNDO LEVA,
TODO MUNDO TEM,
PORQUE A TODOS LHES DÃO UM
QUANDO AO MUNDO VÊM.

ADIVINHA POPULAR.

Alberto Stefano/Arquivo da editora

- COM A AJUDA DO PROFESSOR, ESCREVA SEU NOME NO QUADRO ABAIXO.

- OBSERVE SEU NOME ESCRITO.
- QUANTAS LETRAS SEU NOME TEM? DIGA PARA OS COLEGAS.

A PRIMEIRA LETRA DO MEU NOME É...

- PINTE A PRIMEIRA LETRA DE SEU NOME NO VARAL DE LETRAS A SEGUIR.

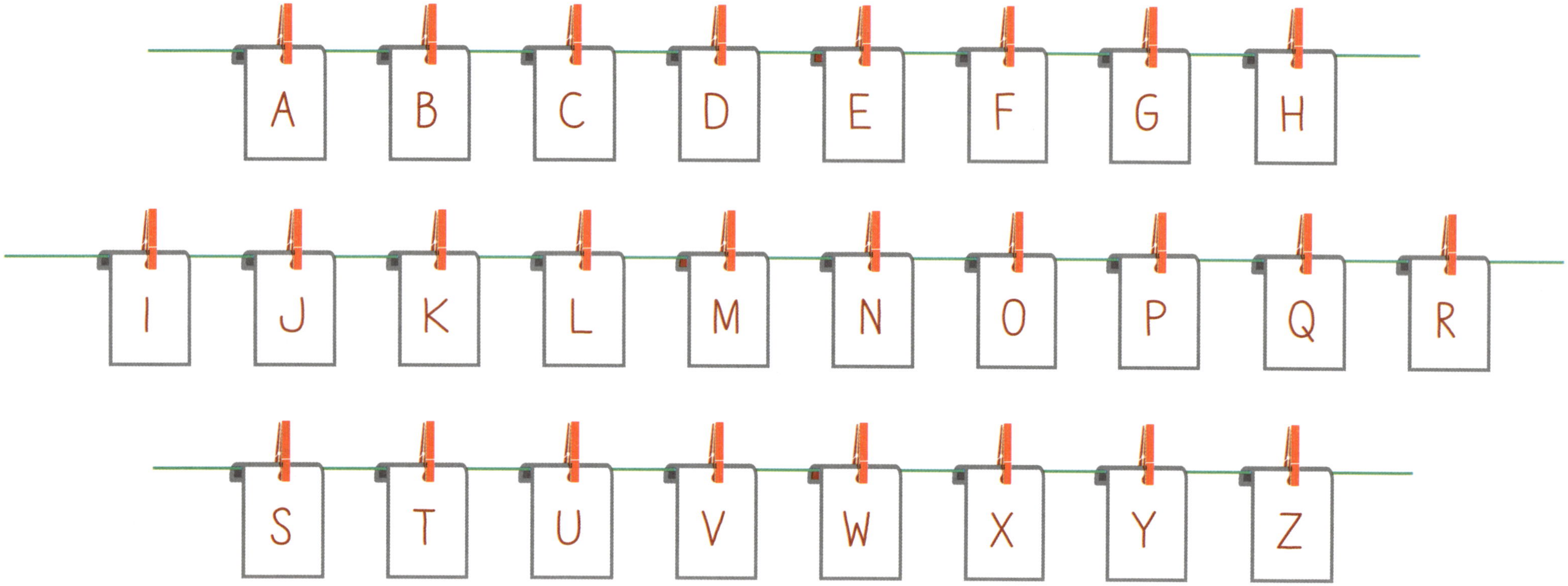

- DEPOIS, ESCREVA A LETRA INICIAL DE SEU NOME NO QUADRO ABAIXO.

MINHA IMPRESSÃO DIGITAL

TODOS NÓS TEMOS UMA MARCA QUE É SÓ NOSSA. É A IMPRESSÃO DIGITAL.

OS DEDINHOS

POLEGARES, POLEGARES,
ONDE ESTÃO? AQUI ESTÃO!
ELES SE SAÚDAM, ELES SE SAÚDAM
E SE VÃO... E SE VÃO...
[...]

OS DEDINHOS (CD), DE ELIANA. RC RECORDS, 1993.

- MOLHE A PONTA DE SEU DEDO POLEGAR COM TINTA ACRÍLICA.
- CARIMBE O QUADRO ABAIXO COM ESSE DEDO. VOCÊ VAI VER SUA IMPRESSÃO DIGITAL.

- COMPARE SUA IMPRESSÃO DIGITAL COM A DE UM COLEGA. EM QUE ELAS SÃO PARECIDAS? EM QUE SÃO DIFERENTES?
- VOCÊ SABE O NOME DOS DEDOS DAS MÃOS?

Alberto Stefano/Arquivo da editora

SUGESTÃO DE LIVRO

Reprodução/Melhoramentos

OS DEZ AMIGOS, DE ZIRALDO. SÃO PAULO: MELHORAMENTOS, 2009.

IMPRESSÕES E CRIAÇÕES!

- VOCÊ CONHECE ALGUMA BRINCADEIRA FEITA COM OS DEDOS? CONTE AOS COLEGAS.

Ilustrações: Alberto Stefano/Arquivo da editora

DEDO
PRA CHUPAR
TIRAR MELECA
FURAR BOLO
COÇAR FERIDA
PINTAR DE AZUL

DEDO!
PRIMEIRO BRINQUEDO

SACO DE BRINQUEDOS. DE CARLOS URBIM.
PORTO ALEGRE: EDITORA PROJETO, 1997.

SUGESTÃO DE LIVRO

Reprodução/Pinakotheke

VAMOS FAZER UM MONTE DE ARTE COM OS DEDOS, DE MARION DEUCHARS. TRADUÇÃO DE JULIO SILVEIRA. RIO DE JANEIRO: PINAKOTHEKE, 2013.

- SOLTE A IMAGINAÇÃO! EM UMA FOLHA À PARTE, CRIE DESENHOS E FORMAS COM SUAS DIGITAIS.

LETRA **A**

ESTAS SÃO LIA E DUAS COLEGAS DA ESCOLA.

- OBSERVE O NOME DE CADA CRIANÇA. VOCÊ JÁ SABE LER ESSES NOMES?

LIA

SOFIA

Ilustrações: Alberto Stefano/ Arquivo da editora

ANA

- CONTORNE CADA LETRA **A** QUE APARECE NO NOME DAS CRIANÇAS.
- ESCREVA A LETRA **A**.

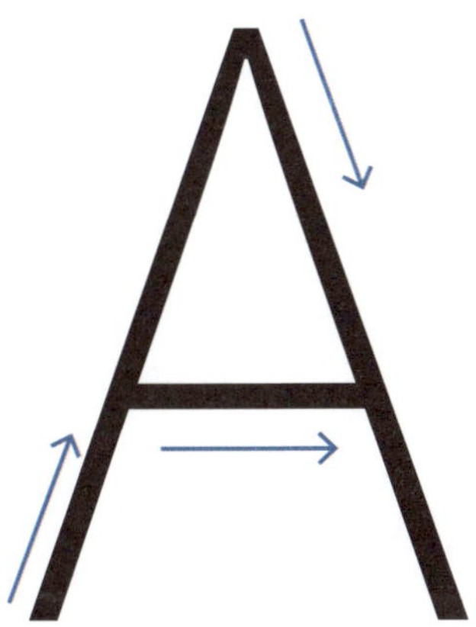

LETRA **E**

- OBSERVE O NOME DAS CRIANÇAS ABAIXO.

MANUELA

BETO

Ilustrações: Alberto Stefano/ Arquivo da editora

FELIPE

- COM QUE LETRA TERMINA O NOME DE FELIPE? ____
- QUANTAS VEZES A LETRA **E** APARECE NO NOME DE FELIPE? ____
- VOCÊ TAMBÉM VÊ A LETRA **E** NOS NOMES DE MANUELA E BETO? ____
- CONTORNE CADA LETRA **E** QUE APARECE NO NOME DAS CRIANÇAS.
- ESCREVA A LETRA **E**.

E ____ ____

LETRA I

LIA E SOFIA ESTÃO NOS APRESENTANDO UMA COLEGA. O NOME DELA É ÍSIS.

- QUEM SÃO AS MENINAS QUE APARECEM AO LADO? ______________________
- COM QUE LETRA COMEÇA O NOME DE ÍSIS? ____
- QUANTAS LETRAS I VOCÊ VÊ NO NOME DE ÍSIS? ____
- VOCÊ TAMBÉM VÊ A LETRA I NOS NOMES DE LIA E SOFIA?

Ilustrações: Alberto Stefano/ Arquivo da editora

LIA ÍSIS SOFIA

- CONTORNE CADA LETRA I QUE APARECE NO NOME DAS CRIANÇAS.
- ESCREVA A LETRA I.

LETRA **O**

BETO E BRUNO GOSTAM DE TOMAR O LANCHE JUNTOS NA ESCOLA.

- OBSERVE O NOME DOS PERSONAGENS AO LADO.

Alberto Stefano/ Arquivo da editora

BETO BRUNO

- COM QUE LETRA TERMINA O NOME DE BETO E BRUNO? ____
- CONTORNE CADA LETRA **O** QUE APARECE NO NOME DAS CRIANÇAS.
- ESCREVA A LETRA **O**.

O

LETRA U

CAUÃ ESTÁ NOS APRESENTANDO URIEL.

- COM QUE LETRA COMEÇA O NOME DE URIEL? ______
- VOCÊ VÊ A LETRA **U** NO NOME DE CAUÃ?
- CONTORNE CADA LETRA **U** QUE APARECE NO NOME DAS CRIANÇAS.

- ESCREVA A LETRA **U**.

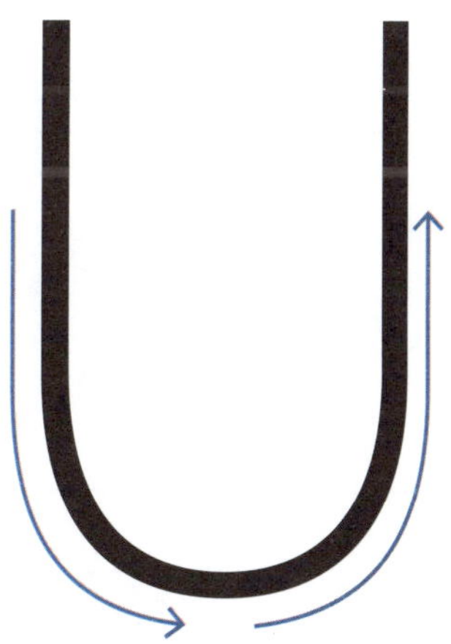

CAUÃ ______

URIEL ______

Ilustrações: Alberto Stefano/ Arquivo da editora

LETRAS, NÚMEROS OU DESENHOS?

- O QUE USAMOS PARA ESCREVER UM NOME?
- VOCÊ CONHECE OS SÍMBOLOS DO QUADRO A SEGUIR?
- NESSE QUADRO HÁ ALGUMA LETRA DO SEU NOME?
- PINTE OS QUADRINHOS EM QUE APARECEM NÚMEROS.

Alberto Stefano/Arquivo da editora

A	 BARS graphics/Shutterstock	F	H	W	1	R	7	X	E
C	I	B	5	8	L	 Treter/Shutterstock	4	K	6
M	2	H	 Arcady/Shutterstock	V	G	Y	 Yayayoyo/Shutterstock	U	O
 Petrovic Igor/Shutterstock	J	3	N	Z	 Martial Red/Shutterstock	P	Q	9	 Teguh Mujiono/Shutterstock

NOSSOS NOMES

BRINCAR DE RODA É MUITO DIVERTIDO.

BRINCAR COM O NOME DOS COLEGAS É MELHOR AINDA!

A CANOA VIROU

A CANOA VIROU
POIS DEIXARAM ELA VIRAR
FOI POR CAUSA DA **SOFIA**
QUE NÃO SOUBE REMAR.
SE EU FOSSE UM PEIXINHO
E SOUBESSE NADAR
EU TIRAVA A **SOFIA**
DO FUNDO DO MAR.

CANTIGA POPULAR.

- CANTE A CANTIGA TROCANDO O NOME **SOFIA** PELO NOME DOS COLEGAS DE SALA DE AULA.
- DESENHE MAIS PEIXINHOS NO FUNDO DO MAR.

Alberto Stefano/Arquivo da editora

SUGESTÃO DE LIVRO

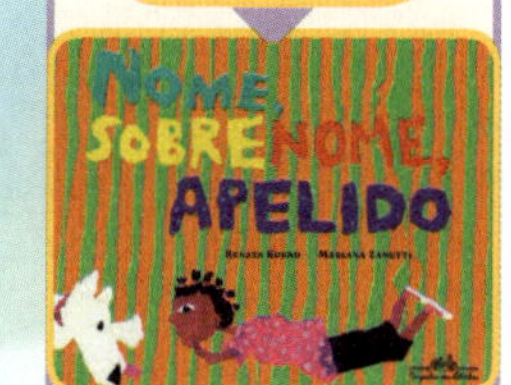

Reprodução/Companhia das Letrinhas

NOME, SOBRENOME, APELIDO, DE RENATA BUENO. SÃO PAULO: COMPANHIA DAS LETRINHAS, 2010.

QUANTOS PEIXINHOS!

TODOS NÓS TEMOS UM NOME...

- CONTE, AGORA, QUAL É O SEU NOME!
- PINTE OS PEIXINHOS QUE TÊM AS LETRAS QUE FORMAM SEU NOME.

Alberto Stefano/Arquivo da editora

- ESCREVA SEU NOME NO QUADRO.

VAMOS COMPLETAR?

- ESCREVA A LETRA QUE FALTA PARA COMPLETAR OS NOMES OU APELIDOS.

B	E	T	__

S	__	F	I	__

__	N	__

B	R	U	N	__

Alberto Stefano/Arquivo da editora

- QUANTAS LETRAS TEM CADA NOME OU APELIDO?
- PINTE OS NOMES OU APELIDOS DOS MENINOS.

NOMES E RIMAS

LIA E BIA SÃO IRMÃS... MAS SÃO TÃO DIFERENTES!

LIA E BIA

LIA E BIA ERAM DUAS IRMÃS.
[...]
LIA GOSTAVA DE MELECA.
BIA GOSTAVA DE MASSINHA.

LIA JOGAVA PETECA.
BIA JOGAVA AMARELINHA.

LIA BRINCAVA DE BONECA.
BIA BRINCAVA DE CASINHA...

... CADA UM TEM O SEU JEITO,
E O QUE IMPORTA É O RESPEITO!

POESIAS PARA CRIANÇAS, DE EVELYN HEINE.
BLUMENAU: TODOLIVRO, 2004.

Alberto Stefano/Arquivo da editora

- NO POEMA, CONTORNE O NOME **LIA** COM UMA COR. DEPOIS, CONTORNE O NOME **BIA** COM OUTRA COR.
- PINTE A LETRA QUE É DIFERENTE EM CADA NOME ABAIXO.

L	I	A

B	I	A

É BOM SER DIFERENTE!

- ACOMPANHE O TRECHO DA CANÇÃO A SEGUIR COM O PROFESSOR.

Alberto Stefano/Arquivo da editora

NINGUÉM É IGUAL A NINGUÉM

NÃO QUEIRA SER AQUILO QUE O OUTRO É (BIS)
NEM QUE O OUTRO SEJA, ORA VEJA,
TUDO AQUILO QUE VOCÊ QUER.
NINGUÉM É IGUAL A NINGUÉM (BIS)
AINDA BEM, AINDA BEM
[...]

OLHA SÓ QUEM VEM AÍ (CD), DE ESCOLA STAGIUM E MILTON KARAM. 2005.

- CONVERSE COM OS COLEGAS SOBRE AS DIFERENÇAS ENTRE VOCÊS. FAÇA UM DESENHO QUE REPRESENTE ESSAS DIFERENÇAS.

- A PARTIR DELAS CONSTRUA COM OS COLEGAS UM CARTAZ COM DESENHOS E COLAGENS.

LETRAS ENFEITADAS

- DESTAQUE DA **PÁGINA 17** A LETRA INICIAL DE SEU NOME. AMPLIE-A NO ESPAÇO ABAIXO E ENFEITE-A ASSIM COMO FEZ ANA.

uppd/Shutterstock

MATERIAL DE APOIO

Alberto Stefano/Arquivo da editora

SUGESTÃO DE LIVRO

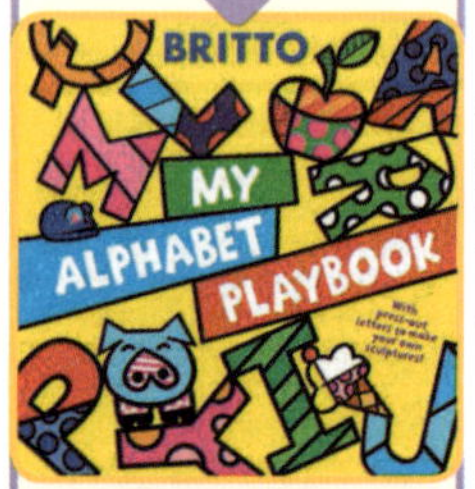

Reprodução/Little Simon

MY ALPHABET PLAYBOOK, DE ROMERO BRITTO. NOVA YORK: SIMON & SCHUSTER, 2010.

O NOME COMEÇA COM...

VAMOS FAZER POESIA COM NOMES? É MUITO DIVERTIDO!

COM **A** ESCREVO **A**MOR.
COM **P** ESCREVO **P**AIXÃO.
COM **L** ESCREVO **LIA**.
LIA DO MEU CORAÇÃO.

Alberto Stefano/Arquivo da editora

- QUAL É A PRIMEIRA LETRA DO NOME **LIA**?
  ESCREVA NO QUADRINHO ABAIXO.

- QUE NOMES DA SUA TURMA TAMBÉM COMEÇAM COM A LETRA **L**?
- ESCOLHA UM COLEGA E RECITE A PARLENDA TROCANDO O NOME **LIA** PELO NOME ESCOLHIDO.
- ESCREVA O NOME ESCOLHIDO NO QUADRO ABAIXO.

QUEM TE FAZ FELIZ DE TODO JEITO!

- OUÇA A LEITURA DO PROFESSOR.

A AMIZADE

POR ONDE QUER QUE VOCÊ VÁ CARREGUE NO PEITO
QUEM TE FAZ FELIZ DE TODO JEITO

SAIBA TAMBÉM QUE O GRANDE AMOR DE UM BOM AMIGO
PARA SEMPRE SEGUIRÁ CONTIGO

[...]

A AMIZADE E O CORAÇÃO
DEVEM DANÇAR SEMPRE JUNTOS A MESMA CANÇÃO

MUNDO BITA. DISPONÍVEL EM: <HTTPS://WWW.YOUTUBE.COM/WATCH?V=DR4GITTIYAU>. ACESSO EM: 1º OUT. 2019.

Alberto Stefano/ Arquivo da editora

- VOCÊ TEM UM AMIGO OU UMA AMIGA QUE TE FAZ FELIZ DE TODO JEITO?
- ESCREVA SEU NOME E O NOME DE SEU AMIGO OU DE SUA AMIGA NOS QUADROS ABAIXO.

SUGESTÃO DE LIVRO

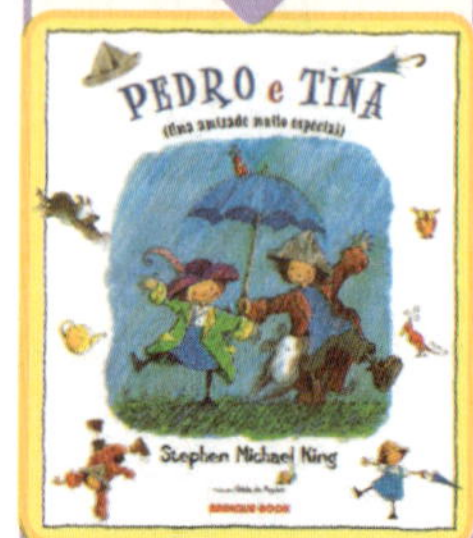

Reprodução/Brinque-Book

PEDRO E TINA (UMA AMIZADE MUITO ESPECIAL). STEPHEN MICHAEL KING. SÃO PAULO: BRINQUE-BOOK, 2017.

MATERIAL DE APOIO

JOGO DA TURMA DA LIA

VAMOS BRINCAR COM A TURMA DA LIA?

MATERIAL

14 PEÇAS (DESTAQUE AS PEÇAS DA **PÁGINA 19**).

PARTICIPANTES

2 PARTICIPANTES

REGRAS

1. CONVIDE UM COLEGA PARA JOGAR COM VOCÊ.
2. DISTRIBUA AS PEÇAS ENTRE OS PARTICIPANTES.
3. O PRIMEIRO PARTICIPANTE COLOCA UMA PEÇA SOBRE A MESA PARA INICIAR O JOGO.
4. O OUTRO PARTICIPANTE COLOCA NA SEQUÊNCIA UMA PEÇA COM O NOME OU A IMAGEM DOS PERSONAGENS CORRESPONDENTES À PEÇA DA MESA.
5. QUEM NÃO TIVER A PEÇA CORRESPONDENTE DEVE PASSAR A VEZ.
6. VENCE O JOGO QUEM FICAR SEM PEÇAS PRIMEIRO OU COM MENOS PEÇAS NA MÃO.

Ilustrações: Alberto Stefano/Arquivo da editora

BRINCAR COM RIMAS

• VAMOS CANTAR!

NÃO CONFUNDA

[...]
NÃO CONFUNDA!
CASA BACANA
COM CASCA DE BANANA
[...]
NÃO CONFUNDA!
SORRISO DA REBECA
COM ROUPINHA DE BONECA
[...]

NÃO CONFUNDA, DE WEBER LOPES.
PÉ DE SONHO (CD). 2014, FAIXA 13.

Alberto Stefano/Arquivo da editora

• OBSERVE AS PALAVRAS E DESCUBRA AS LETRAS QUE REPRESENTAM OS SONS QUE RIMAM.

BACANA	BANANA
___	___	___

REBECA	BONECA
___	___	___

• FAÇA RIMAS COM OUTROS NOMES E DIVIRTA-SE!

SUGESTÃO DE LIVRO

Reprodução/Editora Moderna

NÃO CONFUNDA, DE EVA FURNARI. SÃO PAULO: MODERNA, 2012.

MEU NOME É...

- VOCÊ JÁ VIU UM COMPUTADOR OU *TABLET*? SABE PARA QUE ELES SERVEM?

Yaraz/Shutterstock

Alberto Stefano/Arquivo da editora

- PINTE AS TECLAS QUE TÊM AS LETRAS DE SEU NOME.
- DEPOIS, ESCREVA SEU NOME NO ESPAÇO DA TELA DO *TABLET*.

CANTAR, DANÇAR E DESENHAR

- CANTE A CANÇÃO E DIVIRTA-SE!

LILI MUZZARELA

DA CARA AMARELA
E BEM MAGRICELA
OLHA SÓ, LÁ VEM ELA
LILI MUZZARELA

NA TRANÇA, FIVELA
NA BOLSA, QUE É BELA
TRAZ SEMPRE UM BATOM
COM TOM DE CANELA

É A LILI, LILI MUZZARELA
É A LILI, LILI MUZZARELA
[...]

A TURMA DO TIKUNTA (DVD), DE LEONARDO LOIS E JANAINA RITA. DECKDISC, 2014.

- CONTORNE O NOME **LILI** NA LETRA DA CANÇÃO.
- DESENHE **LILI** MUZZARELA NO ESPAÇO AO LADO.

DE QUEM É O NOME?

- COM A AJUDA DE UM ADULTO, ESCREVA O NOME DE UM FAMILIAR OU DE UM COLEGA.

- DE QUEM É ESSE NOME? QUANTAS LETRAS ELE TEM?

Alberto Stefano/Arquivo da editora

O ARTISTA É VOCÊ!

- ACOMPANHE O TRECHO DA CANÇÃO COM O PROFESSOR.

CRIANÇAS

CRIANÇAS SÃO GENTE PEQUENA
DO TAMANHO DE UM COELHO
BATEM NA ALTURA DO SEU JOELHO
GOSTAM DE PULAR DE LÁ PRA CÁ
O DIA INTEIRO
[...]
PORÉM, CUIDADO, RAINHA
ELAS NÃO TÊM
BOTÃO DE DESLIGAR!

FADAS MAGRINHAS (CD),
DE VANESSA BUMAGNY. 2012.

- O QUE VOCÊ FAZ O DIA INTEIRO? DESENHE NO ESPAÇO AO LADO.

QUANDO EU CRESCER...

• ACOMPANHE A LEITURA DO PROFESSOR.

CLARA

QUANDO EU CRESCER, VOU...
[...]
PATINAR COMO A VOVÓ.
PINTAR COMO MINHA PRIMA.
[...]

CLARA, DE ILAN BRENMAN. SÃO PAULO: BRINQUE-BOOK, 2007. P. 3,11 E 12.

• DESENHE NO ESPAÇO ABAIXO UMA HISTÓRIA CONTANDO O QUE VOCÊ PRETENDE FAZER QUANDO CRESCER.

• AGORA, CONTE SUA HISTÓRIA AOS COLEGAS.

DONO DO NOME!

VAMOS BRINCAR! SIGA AS ORIENTAÇÕES DO PROFESSOR PARA COMEÇAR.

Alberto Stefano/Arquivo da editora

MATERIAL

TIRAS COM O NOME DE CADA ALUNO DA TURMA E UM ENVELOPE COM UM DOS LADOS ABERTOS.

PARTICIPANTES

TODOS OS ALUNOS — BRINCADEIRA COLETIVA.

REGRAS

1. CADA ALUNO DEVERÁ RECONHECER UM NOME EM UMA TIRA DO ENVELOPE.
2. DEPOIS, DEVERÁ ENTREGAR A FICHA AO COLEGA DONO DO NOME.

UNIDADE 2

TODAS AS COISAS TÊM NOME... NA MINHA CASA

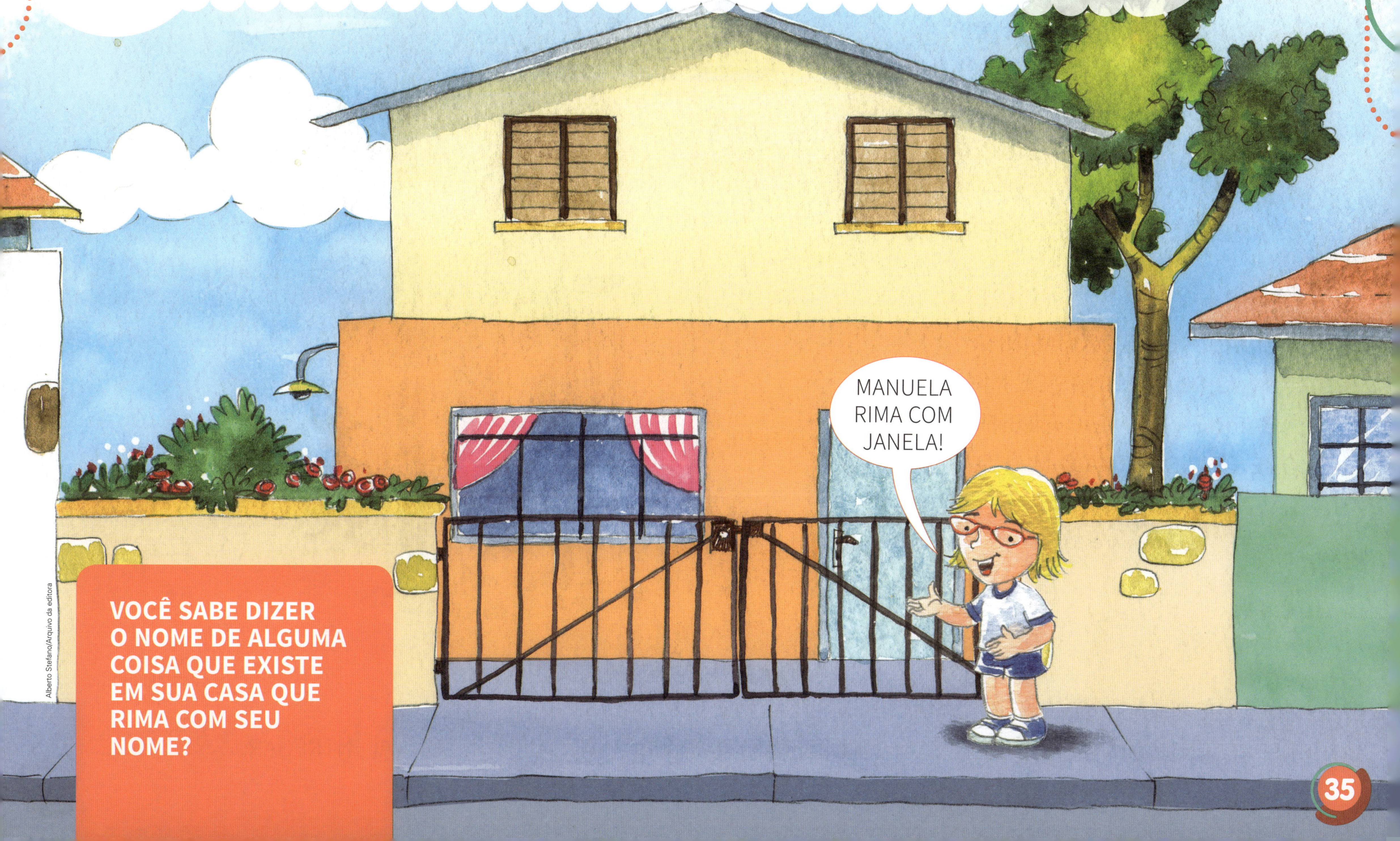

Alberto Stefano/Arquivo da editora

VOCÊ SABE DIZER O NOME DE ALGUMA COISA QUE EXISTE EM SUA CASA QUE RIMA COM SEU NOME?

A CIDADE IDEAL

• ACOMPANHE A LETRA DA CANÇÃO COM O PROFESSOR.

A CIDADE IDEAL

CACHORRO:
A CIDADE IDEAL DUM CACHORRO
TEM UM POSTE POR METRO QUADRADO
NÃO TEM CARRO, NÃO CORRO, NÃO MORRO
E TAMBÉM NUNCA FICO APERTADO

GALINHA:
A CIDADE IDEAL DA GALINHA
TEM AS RUAS CHEIAS DE MINHOCA
A BARRIGA FICA TÃO QUENTINHA
QUE TRANSFORMA O MILHO EM PIPOCA
[...]

OS SALTIMBANCOS (CD), DE CHICO BUARQUE, SERGIO BARDOTTI E LUIS ENRIQUEZ BACALOV. UNIVERSAL, 1977.

Alberto Stefano/Arquivo da editora

SUGESTÃO DE LIVRO

Reprodução/Editora Moderna

COCÔ DE PASSARINHO, DE EVA FURNARI. SÃO PAULO: MODERNA, 2013.

• EM SUA OPINIÃO, COMO SERIA UMA CIDADE IDEAL PARA CRIANÇAS?
• REPRESENTE SUA CIDADE IDEAL COM UM DESENHO NA FOLHA QUE O PROFESSOR VAI ENTREGAR.

RUA OU SABÃO?

- VOCÊ JÁ CONHECEU ALGUMA RUA QUE TENHA UM NOME ENGRAÇADO? OUÇA A LEITURA QUE O PROFESSOR VAI FAZER E VEJA UM NOME DE RUA DIFERENTE.

CAI, CAI, BALÃO

CAI, CAI, BALÃO
CAI, CAI, BALÃO
NA RUA DO **SABÃO**.
NÃO CAI NÃO,
NÃO CAI NÃO,
NÃO CAI NÃO,
CAI AQUI NA MINHA MÃO.

CANTIGA POPULAR.

Alberto Stefano/Arquivo da editora

- CANTE A CANTIGA ACIMA E CONTORNE AS PALAVRAS FINAIS QUE RIMAM.
- DEPOIS, CANTE A MESMA CANTIGA, MAS AGORA CRIANDO OUTRAS RIMAS.

QUE RUA É ESTA?

• NO BRASIL, ENCONTRAMOS MUITAS RUAS COM NOMES CURIOSOS. VEJA ALGUNS.

Ilustrações: Alberto Stefano/Arquivo da editora

• SOLTE SUA IMAGINAÇÃO E CRIE, COM OS COLEGAS DE SALA, UMA HISTÓRIA PARA ALGUMA DESSAS RUAS.

SE ESSA RUA FOSSE MINHA...

- VAMOS CANTAR?

SE ESSA RUA FOSSE MINHA...

SE ESSA RUA,
SE ESSA RUA FOSSE MINHA
[...]

CANTIGA POPULAR.

- ESCREVA A PALAVRA **RUA**.

___	___	___

- PINTE AS VOGAIS NA PALAVRA **RUA**.

- QUANTAS VOGAIS VOCÊ PINTOU? ___

- TROQUE APENAS A PRIMEIRA LETRA DA PALAVRA **RUA** E ESCREVA OUTRA PALAVRA.

___	U	A

- REPRESENTE A RUA QUE VOCÊ IMAGINOU NO ESPAÇO AO LADO.

CASA AMARELA

- ACOMPANHE A LEITURA DO PROFESSOR.

CASA AMARELA

VOU TE CONTAR UM SEGREDO,
SEGREDO DA **CASA** AMARELA,
PODE ABRIR QUALQUER PORTA
OU TAMBÉM QUALQUER JANELA
[...]

É BRINCADEIRA (CD), DE RÚBIA MESQUITA.
SONHOS E SONS, 2012.

Alberto Stefano/Arquivo da editora

- ESCREVA A PALAVRA **CASA** ABAIXO.

____	____	____	____

- QUANTAS LETRAS TEM A PALAVRA **CASA**? ____

- QUANTAS VEZES A LETRA **A** APARECE NA PALAVRA **CASA**? ____

- VOCÊ CONHECE OUTRA PALAVRA QUE COMEÇA COM **CA**? SE SIM, DIGA A PALAVRA AOS COLEGAS.

FLORES NO JARDIM!

- ACOMPANHE A LEITURA DO PROFESSOR.

JARDIM

FABRICO UM JARDIM
COM FLORES AS MAIS
VARIADAS
PARA QUE O OLHAR
AÍ POSSA DESCANSAR.
[...]

FÁBRICA DE POESIA, DE ROSEANA MURRAY.
SÃO PAULO: SCIPIONE, 2012. P. 17.

Alberto Stefano/Arquivo da editora

- NA CASA EM QUE VOCÊ MORA HÁ UM JARDIM? COMO ELE É?
- DESENHE UM JARDIM E PINTE-O BEM COLORIDO.

SUGESTÃO DE LIVRO

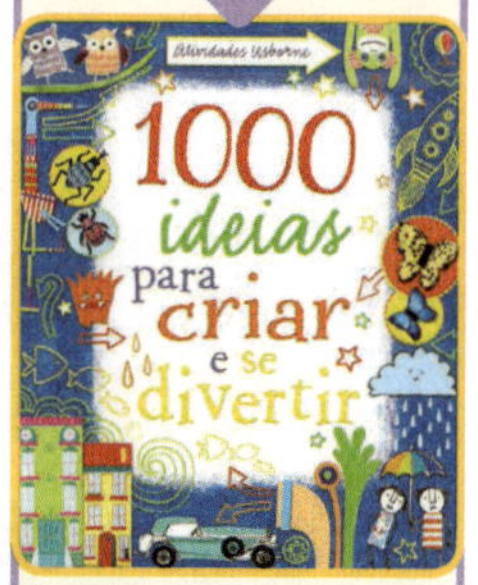

Reprodução/Usborne Publishing

1 000 IDEIAS PARA CRIAR E SE DIVERTIR, DE FIONA WATT. SÃO PAULO: EDIÇÕES USBORNE, 2012.

A CASA ENGRAÇADA

- OBSERVE A CENA A SEGUIR E CONVERSE COM OS COLEGAS.
- DEPOIS, CRIEM UMA HISTÓRIA A PARTIR DA CENA.

Alberto Stefano/ Arquivo da editora

SUGESTÃO DE LIVRO

Reprodução/Companhia das Letrinhas

HISTORINHAS DE CONTAR, DE NATHA CAPUTO E SARA CONE BRYANT. SÃO PAULO: COMPANHIA DAS LETRINHAS, 1999.

O QUARTO DE LIA

• VEJA O QUARTO DE LIA E OBSERVE O NOME DE ALGUNS OBJETOS QUE ENCONTRAMOS NELE.

1 BONECA

2 BOLA

3 BICICLETA

Alberto Stefano/Arquivo da editora

• ESCREVA NOS QUADRINHOS DO DESENHO O NÚMERO CORRESPONDENTE AO NOME DE CADA OBJETO.

• COM QUE LETRA ESSES NOMES TERMINAM?

• COM QUE LETRAS ESSES NOMES COMEÇAM?

NO QUARTO DE LIA TEM...

- VOCÊ CONHECE ESTES OBJETOS?

CAMA

MESA

Ilustrações: Alberto Stefano/ Arquivo da editora

TAPETE

- COMPLETE OS NOMES COM AS LETRAS QUE FALTAM.

C	A	___	___

___	___	S	A

T	A	P	E	___	___

- DESENHE ABAIXO UM OBJETO QUE HÁ EM SEU QUARTO.

- QUAL É O NOME DESSE OBJETO?

____

MINHAS ROUPAS

CALÇA

CASACO

CAMISETA

BERMUDA

Ilustrações: Alberto Stefano/Arquivo da editora

- VOCÊ SABE O NOME DE CADA ROUPA?
- CONTORNE DE **AZUL** AS TRÊS PALAVRAS QUE COMEÇAM COM AS MESMAS LETRAS.
- COPIE ESSAS LETRAS NO QUADRINHO. ______

MUITAS ROUPAS

- CANTE A CANÇÃO E DIVIRTA-SE!

SUAS ROUPAS

[...]
TROQUE LOGO SUAS ROUPAS
ASSIM QUE VOCÊ ACORDAR
TROQUE LOGO SUAS ROUPAS
QUANDO O BANHO TERMINAR.
TROQUE LOGO SUAS ROUPAS,
ANTES DE IR PASSEAR.
TROQUE LOGO SUAS ROUPAS,
NA HORA DE IR PRA CAMA.
[...]

OS AMIGUINHOS. DISPONÍVEL EM: <WWW.OS-AMIGUINHOS.COM/WATCH/GOODHABITSFORKIDS/SUA-ROPA>. ACESSO EM: 23 SET. 2019.

Alberto Stefano/Arquivo da editora

- SOLTE A IMAGINAÇÃO E DESENHE ALGUMAS ROUPAS. DEPOIS, PINTE-AS.

- DIGA AOS COLEGAS O NOME DAS ROUPAS QUE VOCÊ DESENHOU.

MEUS BRINQUEDOS

- ACOMPANHE A LEITURA DO TEXTO COM O PROFESSOR.

MEUS BRINQUEDOS

DE REPENTE,
AO LEMBRAR DOS BRINQUEDOS QUERIDOS,
QUE FICARAM ESQUECIDOS
DENTRO DO ARMÁRIO.
ME BATE UMA SAUDADE,
ME BATE UMA VONTADE,
DE VOLTAR NO TEMPO
[...]

CADERNO DE POESIAS, DE CLARICE PACHECO. PORTO ALEGRE: AGE, 2003. P. 49.

- ESTES SÃO ALGUNS DOS BRINQUEDOS DE CAUÃ. VOCÊ SABE O NOME DELES?

Ilustrações: Alberto Stefano/ Arquivo da editora

BOLA

DINOSSAUROS

HELICÓPTERO

BICICLETA

- PINTE APENAS OS NOMES DE BRINQUEDOS QUE COMEÇAM COM A LETRA **B**.

- QUANTAS LETRAS TÊM CADA UMA DAS PALAVRAS QUE VOCÊ PINTOU? ____ ____

CONSTRUIR UM BRINQUEDO

- ACOMPANHE A LEITURA DO PROFESSOR.

PETECA

[...]
PETECA MOLECA
ALEGRIA DA RUA
SE PUDESSE VOAVA
PARA UMA SONECA
NA PONTINHA DA LUA

SACO DE BRINQUEDOS, DE CARLOS URBIM.
PORTO ALEGRE: EDITORA PROJETO, 1997.

Alberto Stefano/Arquivo da editora

- COMPLETE A PALAVRA COM AS LETRAS QUE FALTAM E DESCUBRA O NOME DO BRINQUEDO.

P	___	T	___	C	___

- VAMOS CONSTRUIR UM BRINQUEDO E BRINCAR COM ELE?

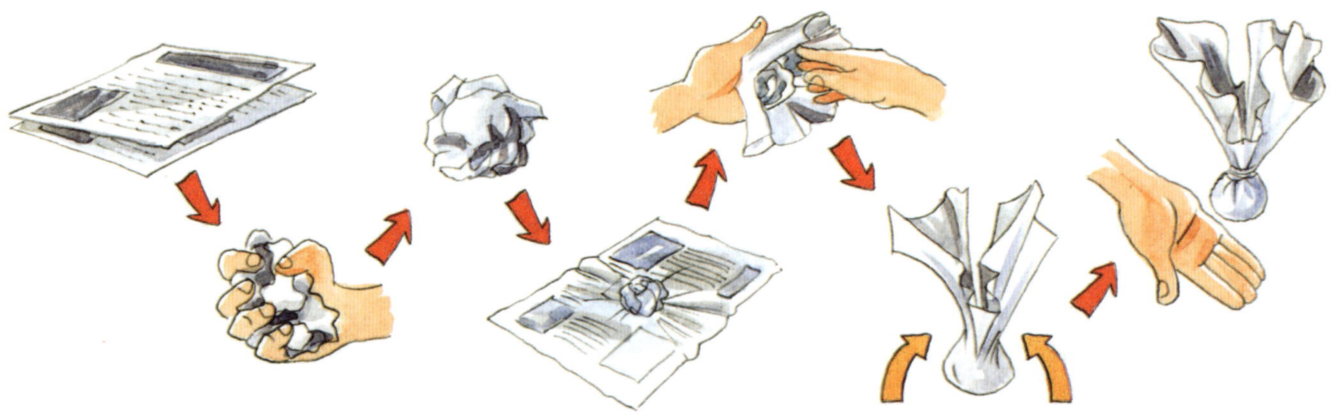

Alberto Stefano/Arquivo da editora

BONECA DE LATA

- CANTE A CANÇÃO E DIVIRTA-SE!

BONECA DE LATA

MINHA BONECA DE LATA BATEU A
CABEÇA NO CHÃO
LEVOU MAIS DE UMA HORA PRA
FAZER A ARRUMAÇÃO
DESAMASSA AQUI PRA FICAR BOA
[...]

CANTIGA POPULAR.

Alberto Stefano/Arquivo da editora

BONECA DE LATA

- COMPLETE O NOME COM AS LETRAS QUE FALTAM.

B ___ N ___ C ___   D E   L ___ T ___

- PINTE A BONECA DE LATA.

BOLA REBOLA

- ACOMPANHE A LEITURA DO PROFESSOR.

A BOLA BELA
NEM SE ABALA
E ATÉ REBOLA
QUANDO A ABÓBORA
BANCA A BOBA
E QUER SER BOLA
DE BASQUETE.

O QUE SE VÊ NO ABECÊ, DE ELIAS JOSÉ.
SÃO PAULO: PAULUS, 2004. P. 7.

Alberto Stefano/Arquivo da editora

- OBSERVE AS PALAVRAS **BOLA** E **BELA**.

B	O	L	A

B	E	L	A

- CONTORNE AS LETRAS DIFERENTES NAS DUAS PALAVRAS. DEPOIS, ESCREVA ESSAS LETRAS NOS QUADRINHOS A SEGUIR.

___	___

HUM... QUE DELÍCIA!

- ANA E A MÃE DELA ESTÃO NA COZINHA. O QUE ANA VAI COMER?

Alberto Stefano/Arquivo da editora

BOLO

BOLA

LOBO

- OBSERVE AS PALAVRAS AO LADO DA CENA. PINTE O QUADRINHO EM QUE ESTÁ ESCRITO **BOLO**.
- COPIE ABAIXO O NOME DESSE ALIMENTO.

MÃO NA MASSA!

MATERIAL DE APOIO

- VAMOS PREPARAR ALGUNS DOCINHOS?

INGREDIENTES

1 LATA DE LEITE EM PÓ

1 LATA DE LEITE CONDENSADO

1 PACOTE DE COCO RALADO

MODO DE PREPARO DOS DOCINHOS

1. DESPEJE O LEITE EM PÓ EM UMA VASILHA FUNDA.
2. JUNTE O LEITE CONDENSADO E MEXA COM AS MÃOS ATÉ MISTURAR BEM OS INGREDIENTES.
3. FAÇA BOLINHAS E PASSE-AS NO COCO RALADO.
4. VOCÊ TAMBÉM PODE UTILIZAR CORANTE PARA DOCES PARA COLORIR OS DOCINHOS.

Alberto Stefano/Arquivo da editora

- DESTAQUE AS FIGURAS DA **PÁGINA 21** E DESCUBRA A SEQUÊNCIA DA RECEITA.

1

2

3

4

VOCÊ JÁ SABE LER?

- LEIA O NOME DOS ALIMENTOS QUE APARECEM NOS POTES.
- EM CADA QUADRINHO, ESCREVA AS VOGAIS QUE APARECEM NO NOME DE CADA UM.

Alberto Stefano/Arquivo da editora

- AGORA, COM UM LÁPIS, CUBRA AS VOGAIS SEGUINDO AS SETAS.

A E I O U

NA COZINHA DA CASA DE ANA TEM...

- VOCÊ CONHECE ESTES OBJETOS? SABE PARA QUE ELES SERVEM?

Ilustrações: Alberto Stefano/Arquivo da editora

GELADEIRA

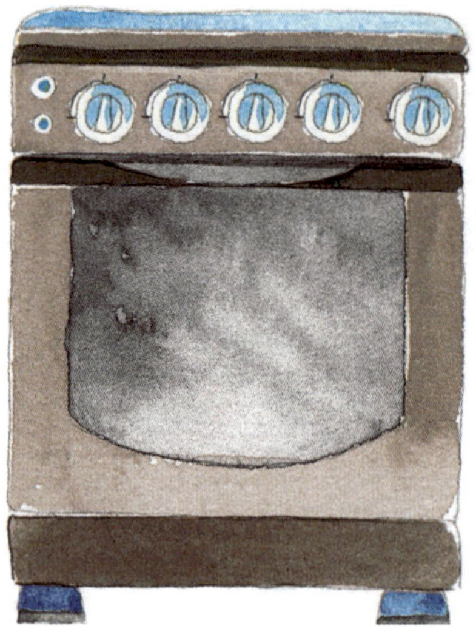

FOGÃO

- PINTE O NOME DO OBJETO QUE TEM A LETRA **E**.
- DESENHE NO ESPAÇO AO LADO UM OBJETO QUE HÁ NA COZINHA DE SUA CASA E QUE TAMBÉM TENHA A LETRA **E** NA ESCRITA DO NOME.

VAMOS LER JUNTOS?

- OBSERVE AS FOTOGRAFIAS. DEPOIS, DECIFRE AS PALAVRAS E LIGUE-AS À IMAGEM CORRESPONDENTE.

CoolPhotoGirl/Shutterstock

Egor Rodynchenko/Shutterstock

Bola_BR/Shutterstock

PÃO | FOGÃO | LIMÃO

- CONTORNE AS DUAS LETRAS FINAIS DE CADA PALAVRA.
- AGORA, ESCREVA AS DUAS LETRAS FINAIS DAS PALAVRAS NOS QUADRINHOS.

QUE BELA SOPA!

• CANTE A CANÇÃO E FIQUE ATENTO AO FALAR A PALAVRA **SOPA**.

Alberto Stefano/Arquivo da editora

CANÇÃO DA FALSA TARTARUGA

QUE BELA SOPA, DE OSSO OU AVEIA,
A FERVER NA PANELA CHEIA!
[...]
QUE BELA SOPA!
[...]

ADRIANA PARTIMPIM (CD), DE ADRIANA CALCANHOTO. SONY/BMG, 2008.

• APONTE COM O DEDO E CONTORNE TODAS AS VEZES QUE LER A PALAVRA **SOPA**.

• ESCREVA AS LETRAS QUE FALTAM PARA COMPLETAR A PALAVRA **SOPA**.

S	O	___	___

SONS DA COZINHA

- ACOMPANHE A LEITURA DO TEXTO.

OS RUÍDOS DA COZINHA

A PANELA DE PRESSÃO
ASSOBIA UMA CANÇÃO.

A COZINHA É O MUNDO
ONDE O SOM IMPERA
QUER NA PIA, QUER NA PANELA,
SEMPRE EXISTE UM BARULHO.

O PEQUENO POETA: FIGURAS DE ESTILO E POEMAS DIVERTIDOS, DE ISABEL FURINI. SÃO PAULO: MATRIX, 2012. P. 40.

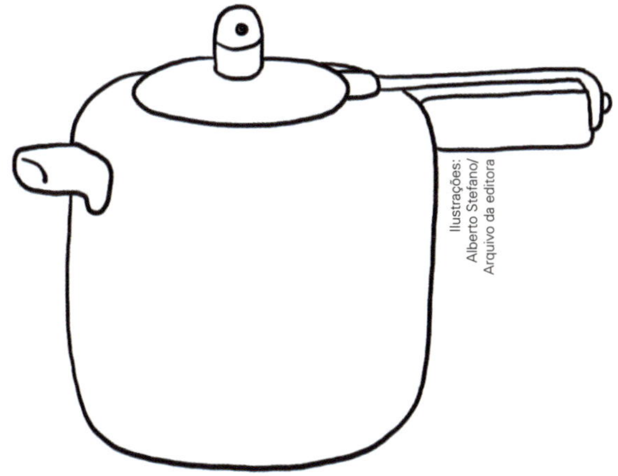

Ilustrações: Alberto Stefano/ Arquivo da editora

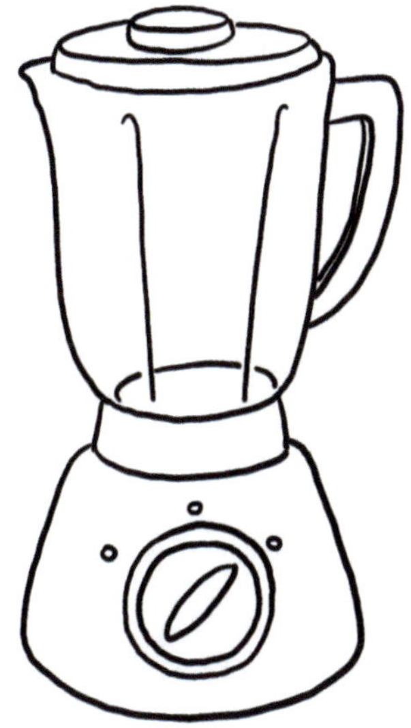

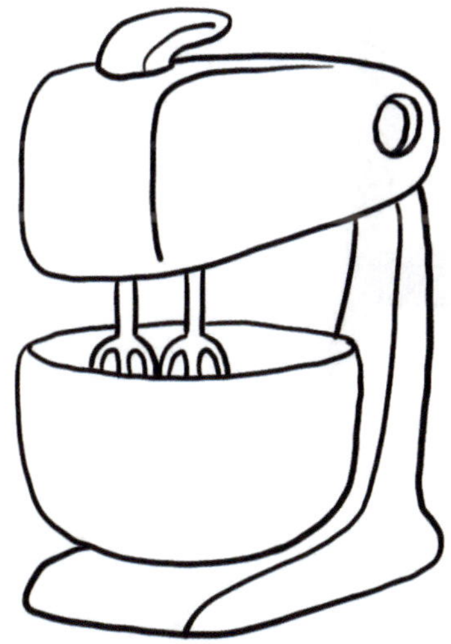

SUGESTÃO DE LIVRO

Reprodução/Editora Ática

TRIIIMM: UM BARULHO DA CASA, DE LILIANA IACOCCA. SÃO PAULO: ÁTICA, 2011. (COLEÇÃO TOC TOC).

- VAMOS BRINCAR DE IMITAR SONS DA COZINHA?
- DEPOIS, PINTE APENAS OS OBJETOS QUE ENCONTRAMOS NA COZINHA.

SOPA DE PEDRA

• OUÇA A HISTÓRIA. DESTAQUE AS IMAGENS DA **PÁGINA 21**. DEPOIS, COLE AS IMAGENS NA PANELA.

MATERIAL DE APOIO

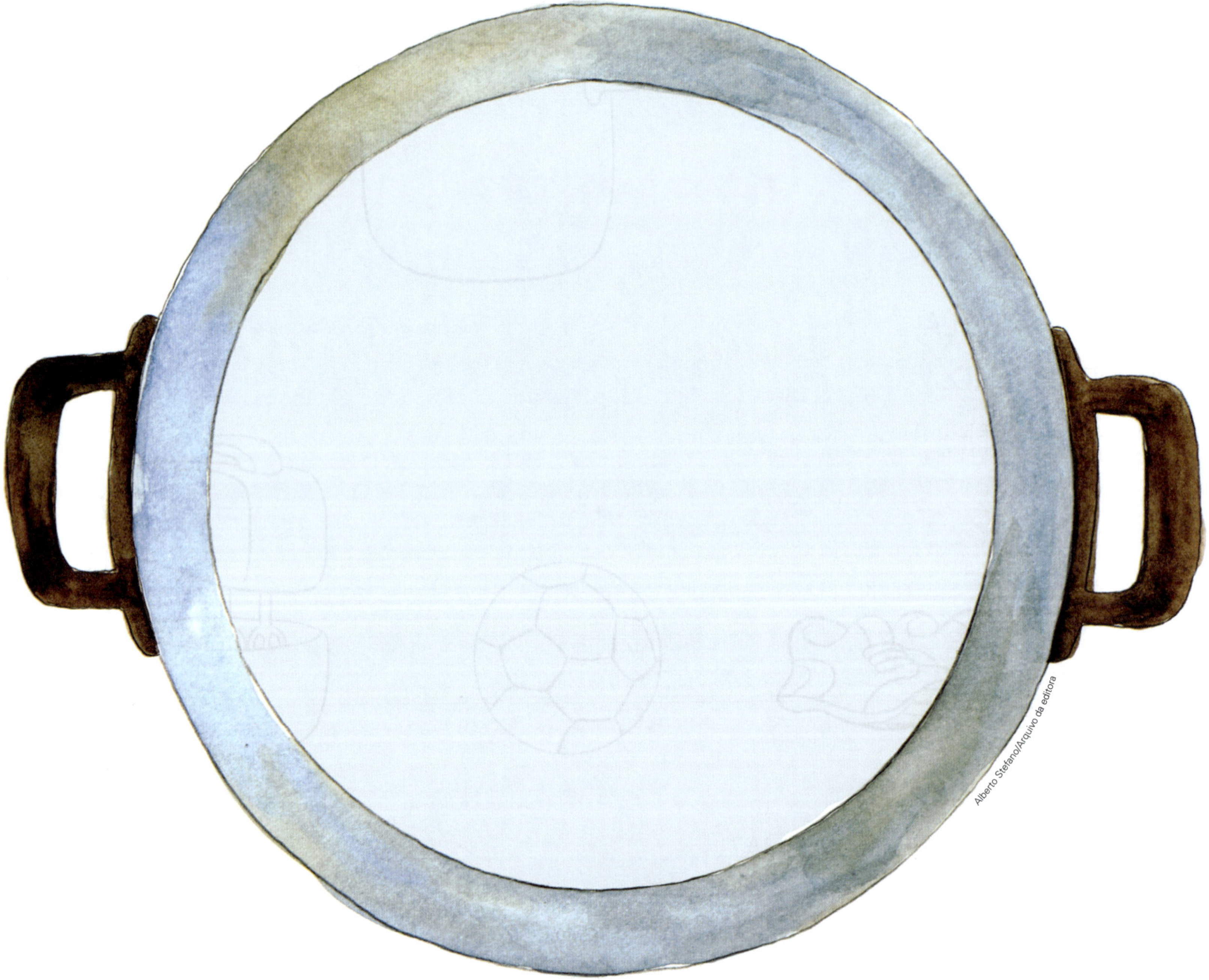

Alberto Stefano/Arquivo da editora

VOCÊ ADIVINHA?

• ACOMPANHE COM O PROFESSOR A LEITURA DA ADIVINHA.

SUBO CHEIA,
DESÇO VAZIA.
SE NÃO FOREM LIGEIROS,
A SOPA FICA FRIA.

PIADAS PARA CRIANÇAS: PIADAS, BRINCADEIRAS E MUITA DIVERSÃO!
ORGANIZADO POR WALTER SAGARDOY. SÃO PAULO: CLIO, 2013. P. 58.

• PINTE O DESENHO DA RESPOSTA DA ADIVINHA.

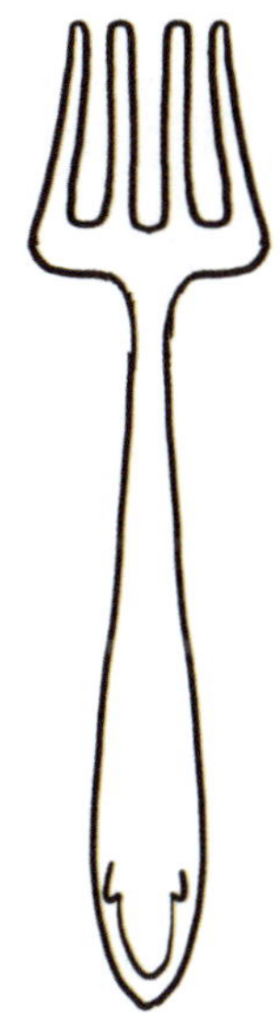

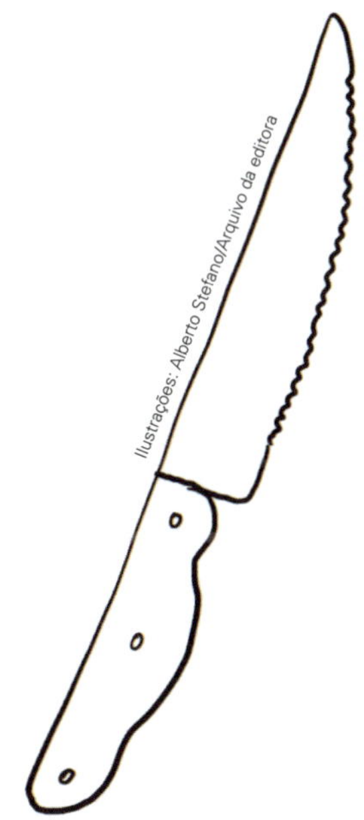

Ilustrações: Alberto Stefano/Arquivo da editora

___	___	L	H	E	R

G	A	R	___	___

___	___	C	A

• COMPLETE OS NOMES ACIMA COM AS LETRAS QUE FALTAM.

O BANHEIRO DA CASA DE BRUNO

• OBSERVE A ILUSTRAÇÃO A SEGUIR. ONDE BRUNO ESTÁ? O QUE ELE ESTÁ FAZENDO?

• COM A AJUDA DO PROFESSOR, LEIA AS PALAVRAS ABAIXO.

TAPETE ☐ SABONETE ☐ PENTE ☐

• ENCONTRE ESSES OBJETOS NO BANHEIRO DE BRUNO E CONTORNE-OS.
• ESCREVA A PRIMEIRA LETRA DE CADA PALAVRA NOS QUADRINHOS.
• CONTORNE AS DUAS ÚLTIMAS LETRAS DAS PALAVRAS.

CUIDE-SE!

• VAMOS CANTAR? ACOMPANHE A LETRA DA CANÇÃO.

NÃO VOU FICAR DOENTE
[...]
ESCOVO BEM OS DENTES
E **LAVO** BEM AS MÃOS
TAMBÉM MEU CORPO INTEIRO
LAVO COM ÁGUA E SABÃO
[...]

NÃO VOU FICAR DOENTE, DE PALAVRA CANTADA. PUBLICADO EM: 23 JAN. 2018. DISPONÍVEL EM: <WWW.YOUTUBE.COM/WATCH?V=AZVPOSRZSUC>. ACESSO EM: 7 OUT. 2019.

• COMPLETE OS QUADRINHOS COM AS LETRAS QUE FALTAM E LIGUE AS AÇÕES À CENA CORRESPONDENTE PARA VER COMO BRUNO CUIDA DE SUA SAÚDE!

E	S	C	O	___	___

OS DENTES

Ilustrações: Alberto Stefano/ Arquivo da editora

L	A	___	___

AS MÃOS

ESTA É A SALA DA CASA DE...

- OBSERVE A IMAGEM E DESCUBRA QUEM MORA NESTA CASA.

- AGORA, COMPLETE OS QUADRINHOS COM A RESPOSTA.

ESSA É A SALA DA CASA DE | | | | |

NA SALA DE BETO TEM...

• VEJA O NOME DE ALGUNS OBJETOS QUE ESTÃO NA SALA DA CASA DE BETO.

AlexandrBognat/Shutterstock

TELEVISÃO

Madarakis/Shutterstock

TELEFONE

medvedsky.kz/Shutterstock

TAPETE

• COM QUE LETRA COMEÇAM AS PALAVRAS **TELEVISÃO**, **TELEFONE** E **TAPETE**? ____

• CONTORNE COM A MESMA COR AS PALAVRAS QUE TERMINAM COM A LETRA **E**.

• CONTORNE COM OUTRA COR A PALAVRA QUE TERMINA COM **ÃO**.

• ESCREVA AS DUAS ÚLTIMAS LETRAS DAS PALAVRAS NOS QUADRINHOS.

____	____
____	____
____	____

ACEITA O DESAFIO?

- ACOMPANHE A LEITURA DO PROFESSOR.

MOINHO DE PALAVRAS

COM O ALFABETO FABRICO
UM MOINHO DE MOER PALAVRAS
PARA QUE VIREM E DESVIREM.
POR EXEMPLO, A PALAVRA
DOR TRANSFORMO EM FLOR,
RUA PODE VIRAR LUA,
[...]
AGORA É A SUA VEZ.

FÁBRICA DE POESIA, DE ROSEANA MURRAY.
SÃO PAULO: SCIPIONE, 2012. P. 28.

- COMPLETE OS QUADRINHOS COM AS LETRAS QUE FALTAM.

Ilustrações: Alberto Stefano/ Arquivo da editora

L	O	___	___

B	O	___	___

B	O	___	___

___	___	T	E	C	A

B	O	N	E	___	___

- AGORA, ESCREVA NO QUADRO AO LADO NOMES DE OBJETOS QUE PODEMOS ENCONTRAR EM CASA COM AS MESMAS LETRAS DAS PALAVRAS DOS QUADRINHOS.

MONTAR PALAVRAS

MATERIAL DE APOIO

PARA JOGAR, SIGA AS ORIENTAÇÕES DO PROFESSOR.

REGRAS

1. DESTAQUE AS PEÇAS DAS **PÁGINAS 23** E **25**.
2. COLE CADA FIGURA EM UMA CAIXINHA.
3. CONVIDE UM COLEGA PARA JOGAR COM VOCÊ.
4. JUNTO COM O COLEGA, EMBARALHE AS LETRAS E DEIXE-AS NO CENTRO DA MESA.
5. CADA PARTICIPANTE ESCOLHE DUAS CAIXINHAS.
6. NA SUA VEZ DE JOGAR, LANCE O DADO E PEGUE DA MESA A QUANTIDADE DE LETRAS CORRESPONDENTE À QUANTIDADE DE PONTOS DO DADO.

   ATENÇÃO: CADA PARTICIPANTE DEVE ESCOLHER AS LETRAS QUE FORMAM OS NOMES DAS CAIXINHAS QUE ESTÃO COM ELE.
7. O PARTICIPANTE QUE CONSEGUIR FORMAR AS PALAVRAS DAS DUAS CAIXINHAS PRIMEIRO SERÁ O VENCEDOR.
8. NO FIM DO JOGO, GUARDE AS LETRAS NAS CAIXINHAS CORRESPONDENTES.

Alberto Stefano/Arquivo da editora

ATENÇÃO AO MOVIMENTO!

- DIVIRTA-SE CANTANDO A CANÇÃO!

A CASA DO ZÉ

PRA ENTRAR NA CASA DO ZÉ
TEM QUE BATER O PÉ
PRA ENTRAR NA CASA DO ZÉ
TEM QUE BATER O PÉ
LÊ LÊ A, AGORA JÁ POSSO ENTRAR
LÊ LÊ A, AGORA JÁ POSSO ENTRAR
[...]

CANÇÃO POPULAR.

Alberto Stefano/Arquivo da editora

MATERIAL DE APOIO

- DESTAQUE AS IMAGENS DA **PÁGINA 27**. DEPOIS, COLE AS IMAGENS NA SEQUÊNCIA DA CANÇÃO.

1	2	3	4	5

Alberto Stefano/Arquivo da editora

IMAGINAÇÃO

- LIA E CAUÃ ESTÃO NA CAMA. OBSERVE AS CENAS E DESENHE O QUE VOCÊ ACHA QUE OS PERSONAGENS ESTÃO PENSANDO.

Alberto Stefano/Arquivo da editora

- MOSTRE SEU DESENHO AOS COLEGAS.

DIA E NOITE

MATERIAL DE APOIO

- CANTE A CANÇÃO COM OS COLEGAS.

BOA NOITE

GATINHA, A MAMÃE TÁ TÃO CANSADA
VÊ SE DORME HOJE TODA A
MADRUGADA
BOA NOITE, BOA NOITE

[...]
MIL ABRAÇOS, MIL BEIJINHOS, MIL
CARINHOS
DURMAM BEM E SONHEM SÓ COM OS
ANJINHOS
BOA NOITE, BOA NOITE
[...]

CANÇÕES DE NINAR (CD), DE PALAVRA CANTADA. MCD, 1994.

- DESTAQUE AS CENAS DA **PÁGINA 27** E OBSERVE-AS.
- COLE AS CENAS NOS LUGARES CORRETOS E, DEPOIS, ESCREVA AS PALAVRAS QUE FALTAM.

___	___	___

N	O	I	T	E

B	O	M
___	___	___

UNIDADE 3

TODAS AS COISAS TÊM NOME... NA ESCOLA

Alberto Stefano/Arquivo da editora

VOCÊ SABE DIZER O NOME DE ALGO QUE EXISTE NA ESCOLA QUE COMEÇA COM A MESMA LETRA DE SEU NOME?

MINHA ESCOLA

- COMO É A ESCOLA EM QUE VOCÊ ESTUDA?
- ACOMPANHE A LEITURA DO POEMA E, DEPOIS, FAÇA UM DESENHO DA SUA ESCOLA NO ESPAÇO AO LADO.

NA ESCOLA

NA ESCOLA EU ME PREPARO
PRA PRESTAR TODA A ATENÇÃO,
E FICAR TODO LIGADO,
ACOMPANHAR A LIÇÃO.
[...]

VOCÊS PENSAM QUE É FÁCIL?, DE MICHELE IACOCCA. SÃO PAULO: ÁTICA, 2009. P. 12.

- ESCREVA O NOME DA ESCOLA EM QUE VOCÊ ESTUDA.

SUGESTÃO DE LIVRO

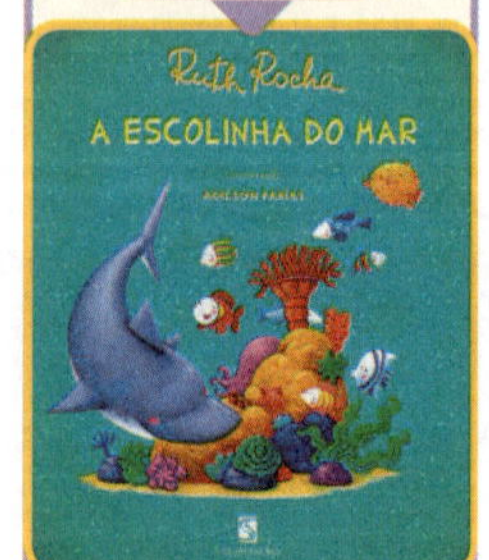

A ESCOLINHA DO MAR, DE RUTH ROCHA. SÃO PAULO: SALAMANDRA, 2009.

MINHA SALA DE AULA

VOCÊ JÁ VIU UMA SALA DE AULA DE CIMA?

- OBSERVE A SALA DE AULA DE LIA.

Alberto Stefano/Arquivo da editora

- QUE OBJETOS VOCÊ RECONHECE NA IMAGEM?
- VAMOS MONTAR A SALA DE AULA EM UMA CAIXA? SIGA AS INSTRUÇÕES DO PROFESSOR.

A BIBLIOTECA

- ACOMPANHE A LEITURA DO PROFESSOR.

EU LI E AGORA NÃO ME LIVRO
DAS HISTÓRIAS DESTE LIVRO.

EU SOU MAIS EU, DE ELIAS JOSÉ. SÃO PAULO: PAULUS, 2010. P. 17. (LER BRINCANDO).

- CONTE AOS COLEGAS UMA HISTÓRIA QUE VOCÊ CONHECE E DE QUE GOSTA MUITO.
- DESENHE UM DOS PERSONAGENS DE SUA HISTÓRIA PREFERIDA.

- COM QUE LETRA COMEÇA O NOME DESSE PERSONAGEM?

LETRA L

• OUÇA COM ATENÇÃO A LEITURA DO POEMA A SEGUIR.

COM L

LUZIA LÊ LIVRO, LUZ, LUAR.
À LUZ DO LUAR
LUZIA LÊ O LIVRO DE LILI
EM LARGA LIBERDADE.

DE LETRA EM LETRA, DE BARTOLOMEU CAMPOS DE QUEIRÓS. SÃO PAULO: MODERNA, 2004. P. 15.

Alberto Stefano/Arquivo da editora

• OBSERVE AS PALAVRAS DOS QUADROS ABAIXO.

LIVRO	LÊ	LUZIA

• ESCREVA NOS QUADRINHOS A LETRA QUE VEM LOGO DEPOIS DA LETRA **L** NESSAS PALAVRAS.

L ___	L ___	L ___

MEU PROFESSOR

- ACOMPANHE A LEITURA DO PROFESSOR.

A ESCOLA

TODO DIA,
NA ESCOLA,
A PROFESSORA,
O PROFESSOR.
A GENTE APRENDE,
E BRINCA MUITO
COM DESENHO,
TINTA E COLA.
[...]

Alberto Stefano/Arquivo da editora

AMIGOS DO PEITO, DE CLÁUDIO THEBAS.
BELO HORIZONTE: FORMATO, 1996. P. 8.

- DESENHE NO ESPAÇO AO LADO SEU PROFESSOR.
- AGORA, ESCREVA O NOME DELE.

QUAL É O NOME DO MÊS?

• VEJA UM CALENDÁRIO ANUAL.

JANEIRO

DOM	SEG	TER	QUA	QUI	SEX	SÁB
					1	2
3	4	5	6	7	8	9
10	11	12	13	14	15	16
17	18	19	20	21	22	23
24/31	25	26	27	28	29	30

FEVEREIRO

DOM	SEG	TER	QUA	QUI	SEX	SÁB
	1	2	3	4	5	6
7	8	9	10	11	12	13
14	15	16	17	18	19	20
21	22	23	24	25	26	27
28						

MARÇO

DOM	SEG	TER	QUA	QUI	SEX	SÁB
	1	2	3	4	5	6
7	8	9	10	11	12	13
14	15	16	17	18	19	20
21	22	23	24	25	26	27
28	29	30	31			

ABRIL

DOM	SEG	TER	QUA	QUI	SEX	SÁB
				1	2	3
4	5	6	7	8	9	10
11	12	13	14	15	16	17
18	19	20	21	22	23	24
25	26	27	28	29	30	

MAIO

DOM	SEG	TER	QUA	QUI	SEX	SÁB
						1
2	3	4	5	6	7	8
9	10	11	12	13	14	15
16	17	18	19	20	21	22
23/30	24/31	25	26	27	28	29

JUNHO

DOM	SEG	TER	QUA	QUI	SEX	SÁB
		1	2	3	4	5
6	7	8	9	10	11	12
13	14	15	16	17	18	19
20	21	22	23	24	25	26
27	28	29	30			

JULHO

DOM	SEG	TER	QUA	QUI	SEX	SÁB
				1	2	3
4	5	6	7	8	9	10
11	12	13	14	15	16	17
18	19	20	21	22	23	24
25	26	27	28	29	30	31

AGOSTO

DOM	SEG	TER	QUA	QUI	SEX	SÁB
1	2	3	4	5	6	7
8	9	10	11	12	13	14
15	16	17	18	19	20	21
22	23	24	25	26	27	28
29	30	31				

SETEMBRO

DOM	SEG	TER	QUA	QUI	SEX	SÁB
			1	2	3	4
5	6	7	8	9	10	11
12	13	14	15	16	17	18
19	20	21	22	23	24	25
26	27	28	29	30		

OUTUBRO

DOM	SEG	TER	QUA	QUI	SEX	SÁB
					1	2
3	4	5	6	7	8	9
10	11	12	13	14	15	16
17	18	19	20	21	22	23
24/31	25	26	27	28	29	30

NOVEMBRO

DOM	SEG	TER	QUA	QUI	SEX	SÁB
	1	2	3	4	5	6
7	8	9	10	11	12	13
14	15	16	17	18	19	20
21	22	23	24	25	26	27
28	29	30				

DEZEMBRO

DOM	SEG	TER	QUA	QUI	SEX	SÁB
			1	2	3	4
5	6	7	8	9	10	11
12	13	14	15	16	17	18
19	20	21	22	23	24	25
26	27	28	29	30	31	

Alberto Stefano/Arquivo da editora

• EM QUE MÊS ESTAMOS? ESCREVA O NOME NO QUADRO ABAIXO.

VAMOS CRIAR?

CALENDÁRIO FESTIVO

PARA SABER A HORA, BASTA CONSULTAR O RELÓGIO.
E PARA SABER SE UM ANIVERSÁRIO ESTÁ CHEGANDO?

Sylverarts Vectors/Shutterstock

Taweepat/Shutterstock

MidoSemsem/Shutterstock

PRIMEIRO DIA DE AULA!

- VOCÊ SE LEMBRA DE SEU PRIMEIRO DIA DE AULA DESTE ANO? COMO VOCÊ SE SENTIU?
- CONTE AOS COLEGAS SUAS LEMBRANÇAS DESSE DIA E DESENHE UMA CARINHA QUE REPRESENTE SEU SENTIMENTO EM RELAÇÃO A ELE.

Alberto Stefano/Arquivo da editora

FÉRIAS!

- VOCÊ APROVEITOU SUAS FÉRIAS ESCOLARES DO MEIO DO ANO?
- CONTE AOS COLEGAS O QUE FEZ OU O QUE GOSTARIA DE TER FEITO NESSAS FÉRIAS.
- REPRESENTE ESSAS FÉRIAS EM UM DESENHO.

ENCONTRE NOSSOS NOMES!

- CONTORNE OS NOMES **LIA** E **SOFIA** NA LISTA DE NOMES DA TURMA.

LISTA DE NOMES

ANA

BETO

BRUNO

CAUÃ

LIA

MANUELA

SOFIA

Alberto Stefano/Arquivo da editora

VOCÊ JÁ SABE LER?

• ONDE ESTÃO NOSSOS NOMES?

LUA

LIVRO

LIA

BOLA

BRENO

BRUNO

• CONTORNE O NOME DOS PERSONAGENS.

AMIGOS DA ESCOLA

- QUAL É O NOME DA MELHOR AMIGA DE LIA?
- LEIA AS PISTAS COM O PROFESSOR. DEPOIS, CONTORNE O NOME COM A COR **AZUL**.

> - O NOME DE MINHA MELHOR AMIGA TEM A LETRA **A** DUAS VEZES.
> - ELE COMEÇA COM AS MESMAS LETRAS DO NOME **MARIANA**.

Ilustrações: Alberto Stefano/ Arquivo da editora

ANA

MANUELA

SOFIA

O NOME DOS COLEGAS DE SALA

- VOCÊ JÁ SABE O NOME DE TODOS OS COLEGAS DE SUA SALA?

AMIGOS DO PEITO

TODO DIA EU VOLTO DA ESCOLA
COM A ANA LÚCIA DA ESQUINA.
DA ESQUINA NÃO É SOBRENOME,
É O ENDEREÇO DA MENINA.
[...]

AMIGOS DO PEITO, DE CLÁUDIO THEBAS.
BELO HORIZONTE: FORMATO, 1996. P. 12.

- OBSERVE OS NOMES DA LISTA DE ALUNOS DA TURMA E VERIFIQUE QUANTOS SE INICIAM COM CADA VOGAL.
- COM A AJUDA DO PROFESSOR, FAÇA A CONTAGEM E PREENCHA O QUADRO.

A	E	I	O	U

QUANTOS OBJETOS!

• OBSERVE A SALA DE AULA DE SOFIA. DIGA O NOME DE TODOS OS OBJETOS QUE APARECEM NELA.

Ilustrações: Alberto Stefano/ Arquivo da editora

• QUE OBJETOS SUA SALA DE AULA E A SALA DE AULA DE SOFIA TÊM EM COMUM?

• COM OS COLEGAS, CONSTRUA UM PAINEL COM O NOME DE ALGUNS DESSES OBJETOS.

• VAMOS MODELAR? FAÇA UM DESSES OBJETOS COM MASSINHA.

MATERIAL ESCOLAR

- CONTORNE AS VOGAIS NOS NOMES DOS MATERIAIS ABAIXO.

Spalnic/Shutterstock

TINTA

Mega Pixel/Shutterstock

COLA

NARUDON ATSAWALARPSAKUN/Shutterstock

MASSINHA

- DESENHE OUTRO MATERIAL QUE VOCÊ UTILIZA NA ESCOLA E ESCREVA O NOME DELE.

VAMOS COMPLETAR?

- COM A AJUDA DO PROFESSOR, COMPLETE OS NOMES DOS OBJETOS.

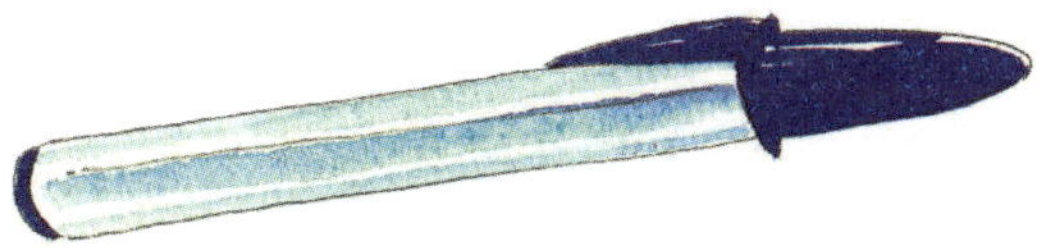

	NE	

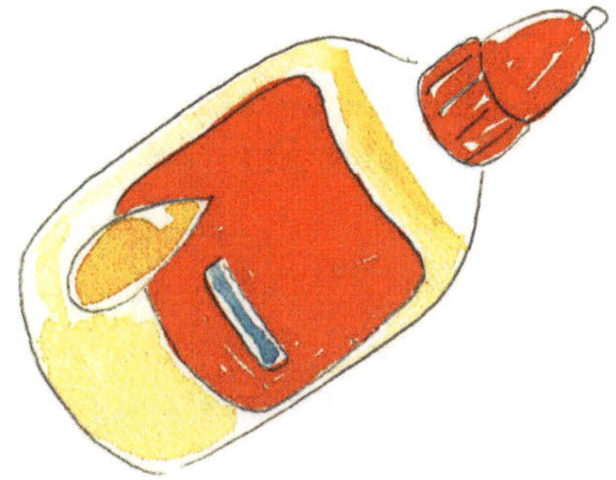

CO	

- AGORA, OBSERVE AS LETRAS NOS QUADRINHOS, FORME O NOME DO OBJETO E ESCREVA-O A SEGUIR.

TA

LA

Ilustrações: Alberto Stefano/Arquivo da editora

ENCONTRE AS PALAVRAS

• OBSERVE O NOME DE ALGUNS MATERIAIS QUE MANUELA LEVA PARA A ESCOLA.

COLA

Ilustrações: Alberto Stefano/ Arquivo da editora

CADERNO

• COM QUE LETRAS ESSAS PALAVRAS SE INICIAM? ESCREVA-AS NOS QUADRINHOS.

• AGORA, OBSERVE O QUADRO DE LETRAS AO LADO.

• ENCONTRE E PINTE AS PALAVRAS **COLA** E **CADERNO**.

T	Y	U	C	O	L	A
D	P	L	A	L	P	A
E	T	U	D	A	D	W
P	A	T	Ç	A	E	D
C	A	D	E	R	N	O

QUEM SABE A RESPOSTA?

MATERIAL DE APOIO

- OUÇA AS ADIVINHAS E DESCUBRA AS RESPOSTAS.
- DESTAQUE AS FIGURAS DA **PÁGINA 29** E COLE-AS NOS LUGARES CORRETOS.

O QUE É, O QUE É?

QUEM DE MIM SE SERVIR
E MINHAS FOLHAS VIRAR
EM LINDAS HISTÓRIAS
COM CERTEZA VAI VIAJAR.

L	___	V	R	O

POR FORA MADEIRA,
POR DENTRO CARVÃO.
QUANDO DESENHA,
ESTOU EM SUA MÃO.

ADIVINHAS E TRAVA-LÍNGUAS. SÃO PAULO: CARAMELO, 2009. P. 53-54.

L	Á	P	___	S

- COMPLETE AS PALAVRAS COM A LETRA **I**.
- COM QUE LETRA AS PALAVRAS COMEÇAM? ESCREVA NO QUADRINHO. ___

UM ESTOJO... QUE PRESENTE LEGAL!

- ACOMPANHE A LEITURA DO PROFESSOR.

EU ADORO DAR E RECEBER PRESENTES!

TROCAR PRESENTES É UMA FORMA DE CARINHO.

UM DIA, A TIA AMÉLIA ME DEU UM ESTOJO DE PRESENTE.

UM SUUUUPERESTOJO!

COM DOZE LÁPIS DE COR PARA PINTAR OS DESENHOS MAIS LINDOS.

NO ESTOJO TEM TAMBÉM UMA BORRACHA CHEIROSA PARA APAGAR O QUE NÃO FICOU BOM.

[...]

BIBI COMPARTILHA SUAS COISAS, DE ALEJANDRO ROSAS. SÃO PAULO: SCIPIONE, 2007. P. 5-9. (COLEÇÃO PRIMEIRAS DECISÕES).

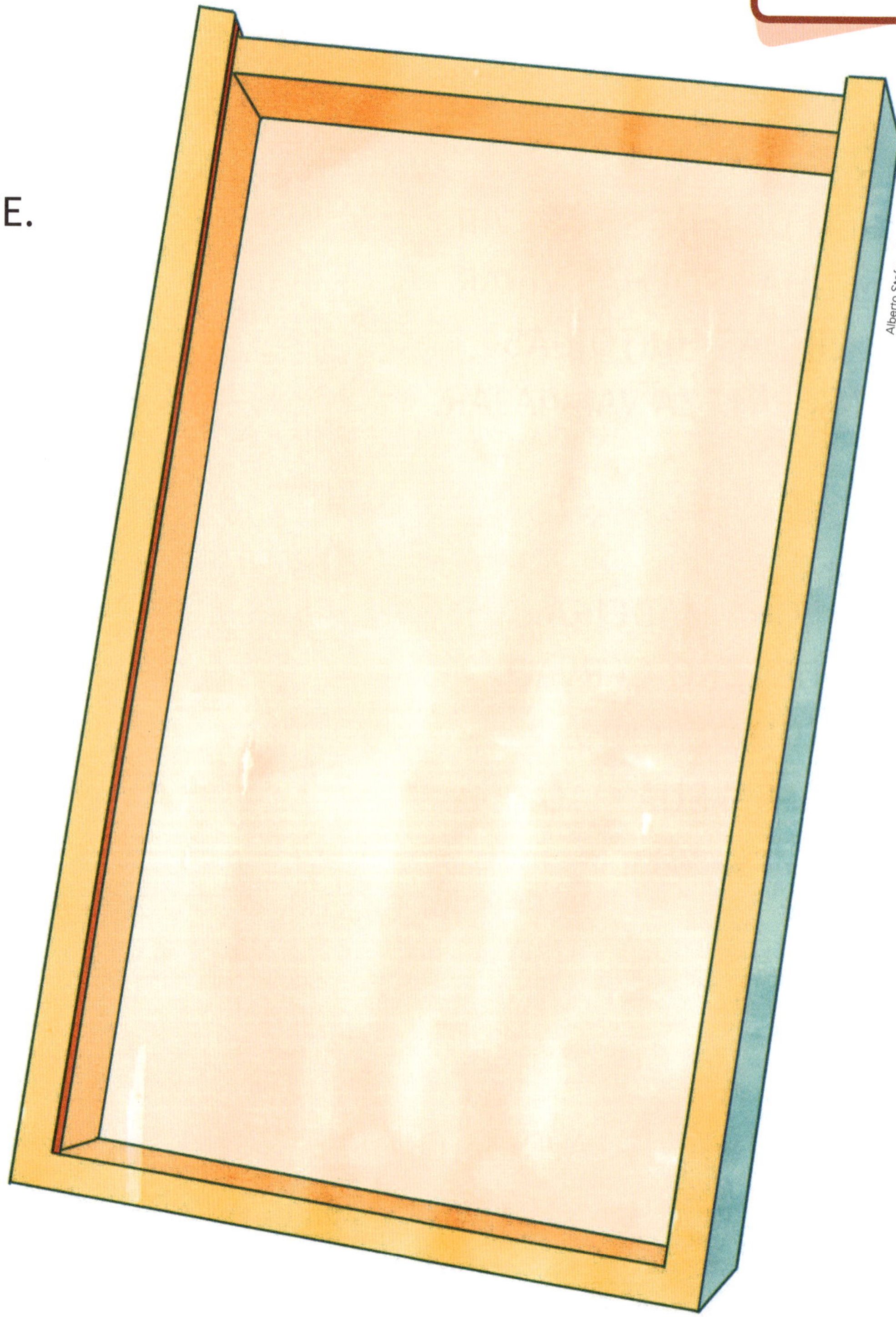

Alberto Stefano/Arquivo da editora

- O QUE MAIS VOCÊ ACHA QUE UM ESTOJO ESCOLAR COSTUMA TER?
- DESTAQUE AS FIGURAS DA **PÁGINA 29** E COLE OS MATERIAIS ESCOLARES NO ESTOJO.
- FAÇA UM ❌ NO MATERIAL DO ESTOJO CUJO NOME COMEÇA COM **BO**.

BIBI COMPARTILHA SUAS COISAS

MATERIAL DE APOIO

- OUÇA A HISTÓRIA.
- DESTAQUE AS CENAS DA **PÁGINA 31**. DEPOIS, COLE AS CENAS NA SEQUÊNCIA EM QUE ACONTECEM NA HISTÓRIA.

1

2

3

4

5

VAMOS FAZER ARTE!

- CANTE ESTA CANÇÃO COM O PROFESSOR E DIVIRTA-SE.

BOLHA *BLUES*

BOLHA DE AR
BOLHA DE SABÃO
BOLHA NO PLÁSTICO
BOLHA NO DEDÃO
[...]

A TURMA DO TIKUNTÁ (CD), DE LEONARDO LOIS E JANAÍNA RITA. DECKDISC, 2014.

- CONTORNE A PALAVRA **BOLHA** NA LETRA DA CANÇÃO.
- AGORA, CONTINUE O DESENHO E FAÇA SUAS PRÓPRIAS BOLHAS.

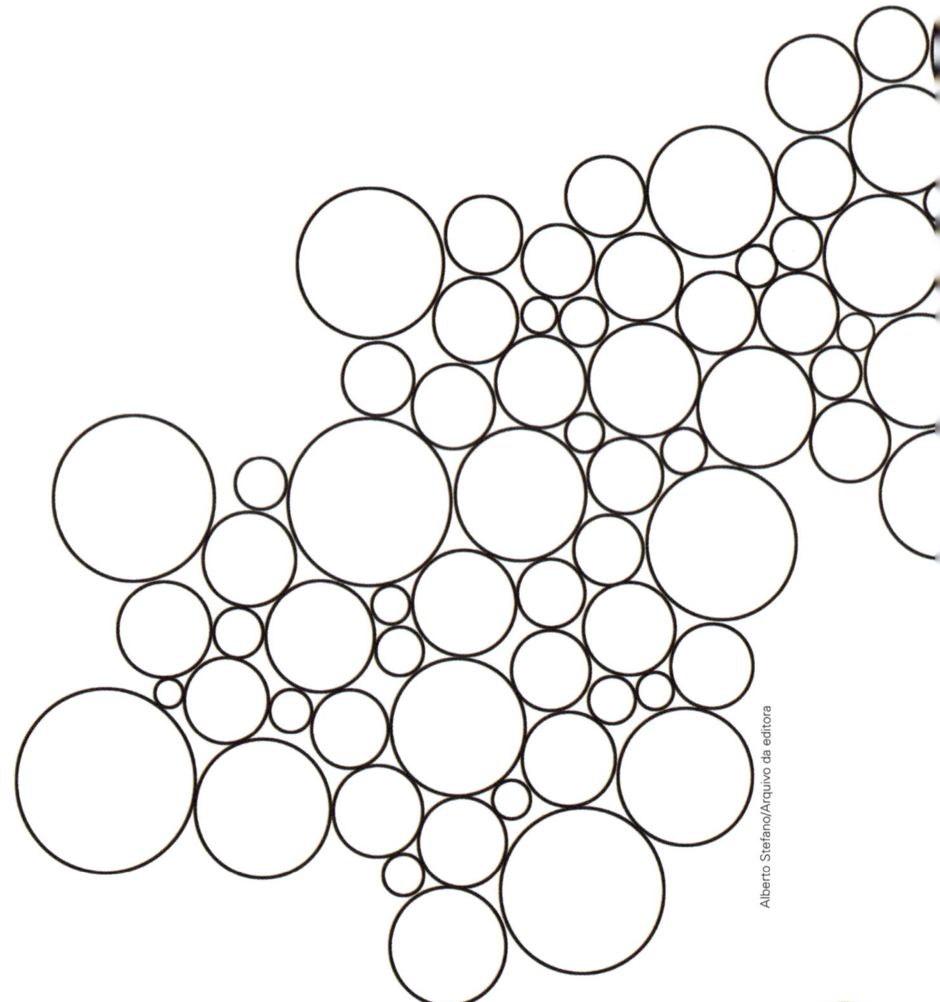

Alberto Stefano/Arquivo da editora

CANTAR E DESENHAR

- OUÇA A CANÇÃO "AQUARELA" E CRIE UMA CENA PARA REPRESENTÁ-LA. UTILIZE O MATERIAL QUE PREFERIR PARA ISSO.

AQUARELA

NUMA FOLHA QUALQUER EU DESENHO UM SOL AMARELO
E COM CINCO OU SEIS RETAS É FÁCIL FAZER UM CASTELO.
[...]

AQUARELA (CD), DE TOQUINHO. ARIOLA, 1983.

UM DESAFIO PARA VOCÊ!

- COMPLETE OS DESENHOS DE CAUÃ E ANA.

Alberto Stefano/Arquivo da editora

JOGO DA MEMÓRIA

MATERIAL DE APOIO

• VAMOS BRINCAR COM OS COLEGAS?

Ilustrações: Alberto Stefano/ Arquivo da editora

REGRAS

1. DESTAQUE AS CARTAS DA **PÁGINA 33**.
2. EMBARALHE AS CARTAS.
3. CONVIDE UM COLEGA PARA JOGAR COM VOCÊ.
4. VIRE AS CARTAS PARA BAIXO.
5. CADA PARTICIPANTE ESCOLHE DUAS CARTAS PARA DESVIRAR.
6. SE AS CARTAS FOREM IGUAIS, O PARTICIPANTE DEVERÁ NOMEAR A IMAGEM.
7. SE O PARTICIPANTE ACERTAR, FICARÁ COM O PAR DE CARTAS. SE ERRAR, RECOLOCARÁ AS CARTAS NO MESMO LUGAR.
8. O PARTICIPANTE QUE TIVER O MAIOR NÚMERO DE CARTAS VENCE.

• DEPOIS DE BRINCAR, ESCREVA ABAIXO O NOME DAS IMAGENS.

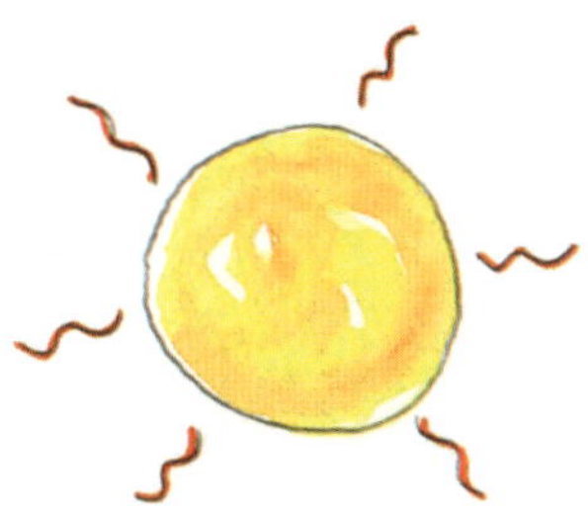

VOCÊ SABE O NOME?

- VOCÊ CONHECE ESTES BRINQUEDOS?
- LIGUE CADA BRINQUEDO AO NOME CORRESPONDENTE.

PULA-PULA

Ilustrações: Alberto Stefano/ Arquivo da editora

GIRA-GIRA

- OBSERVE O NOME DOS BRINQUEDOS ACIMA. O QUE VOCÊ PODE FALAR SOBRE CADA UM DELES?

PÃO NA CASA DO JOÃO

- CANTE A PARLENDA E BRINQUE COM OS COLEGAS!

A SOFIA COMEU PÃO
NA CASA DO JOÃO (2X)
QUEM, EU?
VOCÊ SIM!
EU NÃO!
ENTÃO QUEM FOI?
FOI A MANUELA!

PARLENDA POPULAR.

Alberto Stefano/Arquivo da editora

- CANTE A PARLENDA TROCANDO OS NOMES DOS PERSONAGENS PELOS NOMES DE SEUS COLEGAS.
- OBSERVE O REFRÃO "A SOFIA COMEU PÃO NA CASA DO JOÃO" E CONTORNE AS PALAVRAS QUE RIMAM NO TEXTO.

O QUE ACONTECE FORA DA ESCOLA?

VOCÊ SERÁ UM DOS AUTORES DESTA HISTÓRIA.

- IMAGINE O QUE CAUÃ ESTÁ VENDO ATRÁS DO MURO DA ESCOLA.
- CRIE UMA HISTÓRIA COM A AJUDA DOS COLEGAS DE SALA E COMPLETE A CENA COM DESENHOS DA HISTÓRIA CRIADA POR VOCÊS.

Alberto Stefano/Arquivo da editora

UNIDADE 4

TODAS AS COISAS TÊM NOME... NA NATUREZA

Alberto Stefano/ Arquivo da editora

VAMOS OBSERVAR E DESENHAR COISAS DA NATUREZA? DEPOIS, QUE TAL TENTAR DESCOBRIR COMO SE ESCREVE O NOME DELAS?

A ÁGUA!

- OUÇA A CANÇÃO.

NATURÁGUA

[...]
QUEM É A MÃE DA PLANTAÇÃO
LAVA A ROUPA E LAVA A MÃO
LAVA ATÉ A NOSSA ALMA

COMO É O NOME?
(ÁGUA)
[...]

PALAVRA CANTADA. DISPONÍVEL EM: <HTTP://PALAVRACANTADA.COM.BR/CIFRA/NATURAGUA>. ACESSO EM: 10 OUT. 2019.

- AGORA, COMPLETE OS QUADRINHOS COM O NOME DO QUE APARECE EM CADA IMAGEM AO LADO.

Delfim Martins/Pulsar Imagens

Eduardo Zappia/Pulsar Imagens

O ARCO-ÍRIS

- VOCÊ JÁ VIU UM ARCO-ÍRIS? ACOMPANHE A LEITURA DO TEXTO E OBSERVE A IMAGEM.

SOL E CHUVA
FORMAM UM
ARCO-ÍRIS

CLIMA, DE KAREN WALLACE E NICKI PALIN. TRADUÇÃO DE CAROLINA CAIRES COELHO. BARUERI: GIRASSOL, 2010. P. 10. (VOCÊ SABIA?).

Marcin Karwowski/Shutterstock

- COMPLETE AS PALAVRAS **SOL** E **CHUVA** COM AS LETRAS QUE FALTAM.

S	____	L

C	H	U	____	____

A LENDA DO ARCO-ÍRIS

- OUÇA A HISTÓRIA. DEPOIS, DESENHE O ARCO-ÍRIS E UM POTE DE OURO NO FINAL DELE.

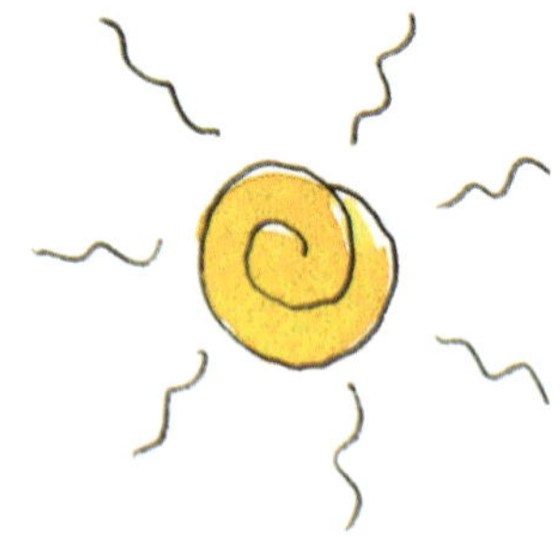

Alberto Stefano/Arquivo da editora

AS CORES DO ARCO-ÍRIS NAS FLORES

• LIGUE AS FLORES ÀS SUAS CORES.

homydesign/ Shutterstock

HORTÊNSIA

Tamara Kulikova/ Shutterstock

VIOLETA

Binh Thanh Bui/ Shutterstock

ROSA

COLOA Studio/ Shutterstockk

GÉRBERA

ULKASTUDIO/ Shutterstock

CRISÂNTEMO

iStockphoto

PRÍMULA

iStockphoto

ESCOVINHA

VERMELHO

LARANJA

AMARELO

VERDE

AZUL

ANIL

VIOLETA

QUE FLOR É ESTA?

- ACOMPANHE A LEITURA DO PROFESSOR.

EXISTE FLOR PRETA?

É DIFÍCIL ENCONTRAR UMA FLOR PRETA,
MAS ELA EXISTE!

A TULIPA NEGRA E O AMOR-PERFEITO NEGRO
SÃO EXEMPLOS DE FLOR DESSA COR.

NOEMI BIANCHINI DANTE

Alberto Stefano/Arquivo da editora

- CONTORNE NO TEXTO A PALAVRA **FLOR**.
- AO LADO, FAÇA O DESENHO DE UMA FLOR UTILIZANDO O MATERIAL E A COR QUE PREFERIR PARA COLORIR.

CRIAR E COLORIR

FLORES ABSTRATAS É O NOME DESTA OBRA DE ARTE DE KARLA GERARD.

- OBSERVE A PINTURA E INSPIRE-SE NELA PARA CRIAR COM OS COLEGAS UMA PINTURA COLETIVA.

FLORES ABSTRATAS, DE KARLA GERARD, 2010. ACRÍLICO SOBRE TELA, 24 cm × 12 cm.

QUAL É A ESTAÇÃO DO ANO?

MATERIAL DE APOIO

- ACOMPANHE A LETRA DA CANÇÃO.

VAI E VEM DAS ESTAÇÕES

TODO ANO ELA VEM
E VOLTA NO ANO QUE VEM
[...]

PALAVRA CANTADA. DISPONÍVEL EM: <HTTPS://WWW.YOUTUBE.COM/WATCH?V=JLNOF8GEGWC>. ACESSO EM: 3 OUT. 2019.

PRIMAVERA	VERÃO	OUTONO	INVERNO

- OBSERVE AS PALAVRAS ESCRITAS E DESCUBRA O NOME DAS ESTAÇÕES.
- DESTAQUE AS IMAGENS DA **PÁGINA 35** E COLE-AS NO LOCAL CORRESPONDENTE.

HORA DO JOGO E DA BRINCADEIRA

CANTE COM ATENÇÃO!

• CANTE A CANÇÃO E DIVIRTA-SE COM A BRINCADEIRA!

A ÁRVORE DA MONTANHA

A ÁRVORE DA MONTANHA
O LÊ, AI, AÔ
A ÁRVORE DA MONTANHA
O LÊ, AI, AÔ
[...]

CANTIGA POPULAR.

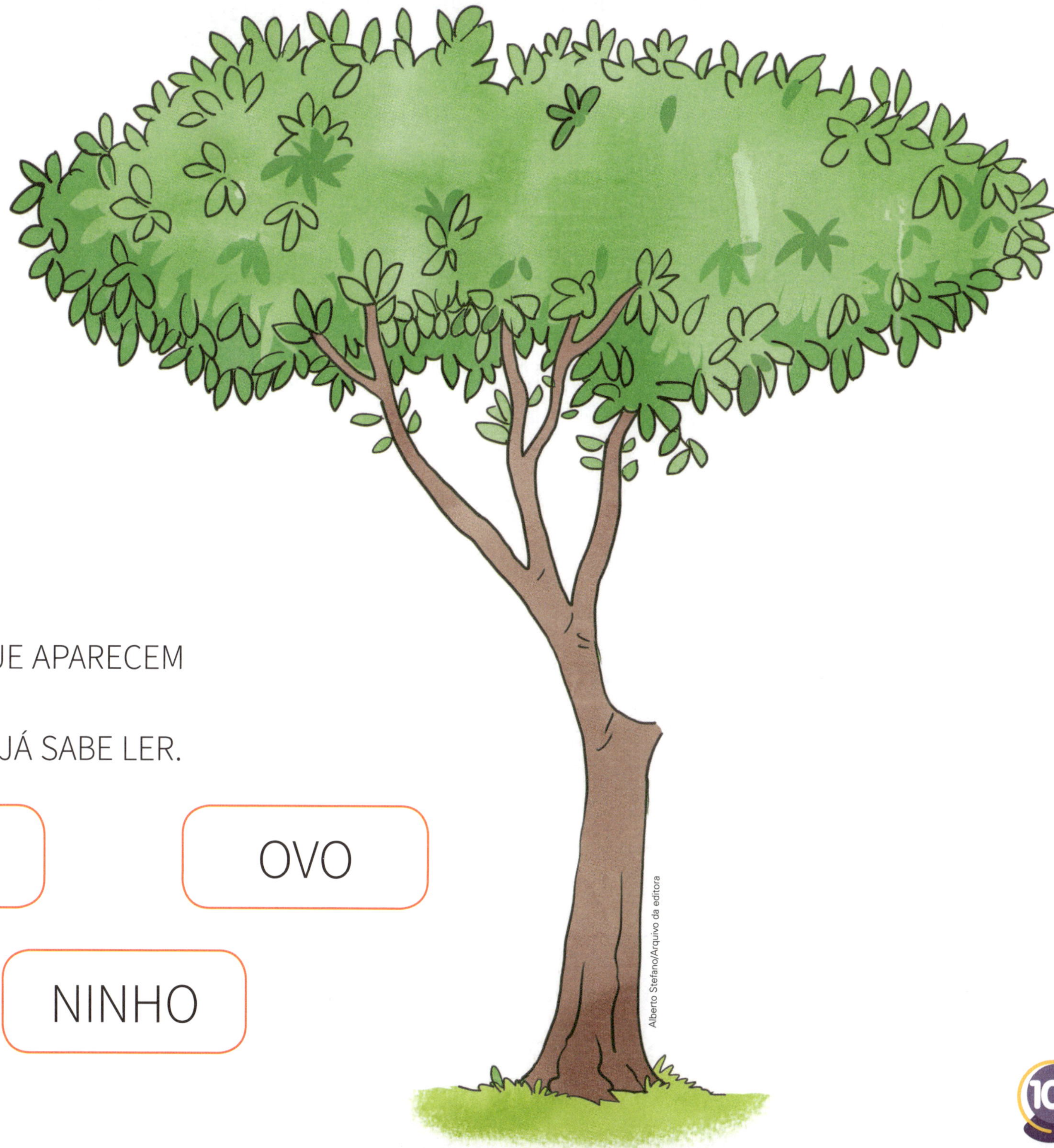

Alberto Stefano/Arquivo da editora

• DESENHE NA ÁRVORE OS ELEMENTOS QUE APARECEM NA CANÇÃO.

• PINTE DE **AZUL** AS PALAVRAS QUE VOCÊ JÁ SABE LER.

GALHO	FOLHA	OVO
AVE	NINHO	

O QUE TEM NA FEIRA?

- ACOMPANHE A LEITURA DO PROFESSOR.

MATERIAL DE APOIO

FEIRA

SEGUNDA-FEIRA TEM FEIRA NA ESQUINA
SE APRESSA, MENINA, QUE VAMOS PRA LÁ
NA QUARTA-FEIRA TEM FEIRA, SENHORA
OLHA, NÃO DEMORA, QUE VAI ACABAR

O QUE TEM LÁ?

CENOURA, CHUCHU, ABOBRINHA, ALFACE FRESQUINHA
REPOLHO, AGRIÃO
TOMILHO, ALHO E SALSINHA
ERVAS, CEBOLINHA E MANJERICÃO

O QUE TEM LÁ?

MORANGO, AMEIXA E UVA
LARANJA MADURA, ABACATE E MELÃO
LIMÃO, *KIWI*, PERA DURA
BANANA-NANICA, MAÇÃ E MAMÃO
[...]

POR QUÊ? (CD), DE RITA RAMEH. CD GRAVADO E MIXADO NO H. STUDIO WAACK, ENTRE 2004 E 2006, FAIXA 6.

Ilustrações: Alberto Stefano/Arquivo da editora

- DESTAQUE AS FOTOGRAFIAS DA **PÁGINA 35** E COLE-AS NOS ESPAÇOS CORRESPONDENTES.
- COMPLETE AS PALAVRAS COM AS LETRAS QUE FALTAM.

_ _ _

B A N A _ _

_ _ N O U _ _

O COMÉRCIO

- ACOMPANHE A LEITURA DO PROFESSOR.

A VENDA DO SEU CHICO

A VENDA DO SEU CHICO TEM DE TUDO:
DESDE RENDA ATÉ PENICO.
TEM ARROZ, FEIJÃO, CARNE DE SOL,
BOTA PARA PEÃO, LENÇOL, SEMENTE DE GIRASSOL.
[...]

PERA, UVA OU MAÇÃ?, DE ROSEANA MURRAY. SÃO PAULO: SCIPIONE, 2005. P. 43. (CRISÁLIDA – POESIA).

Alberto Stefano/
Arquivo da editora

- LIGUE AS FOTOGRAFIAS AOS NOMES.

elpidio costa junior/Shutterstock

Tupungato/Shutterstock

Kunal Mehta/Shutterstock

SUPERMERCADO

FEIRA

VENDA

O QUE É ISSO?

MATERIAL DE APOIO

- VOCÊ SABE DIZER PARA LIA O QUE É **JERIMUM**?
- DESTAQUE AS PEÇAS DA **PÁGINA 37**, MONTE O QUEBRA-CABEÇA E DESCUBRA.

Alberto Stefano/Arquivo da editora

JERIMUM

- COMPLETE A PALAVRA AO LADO E DESCUBRA OUTRO NOME PARA **JERIMUM**.

___	B	Ó	___	___	R	A

CANTAR E ENCONTRAR A RIMA

- ACOMPANHE A LEITURA DO PROFESSOR.

FUI AO MERCADO

FUI AO MERCADO COMPRAR **CAFÉ**
E A FORMIGUINHA SUBIU NO MEU **PÉ**
E EU SACUDI, SACUDI, SACUDI
MAS A FORMIGUINHA NÃO PARAVA DE SUBIR

FUI AO MERCADO COMPRAR **MELÃO**
E A FORMIGUINHA SUBIU NA MINHA **MÃO**
E EU SACUDI, SACUDI, SACUDI
MAS A FORMIGUINHA NÃO PARAVA DE SUBIR

FUI AO MERCADO COMPRAR UM **GIZ**
E A FORMIGUINHA SUBIU NO MEU **NARIZ**
E EU SACUDI, SACUDI, SACUDI
MAS A FORMIGUINHA NÃO PARAVA DE SUBIR.

CANTIGA POPULAR.

CAFÉ

GIZ

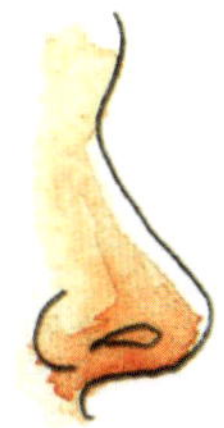

NARIZ

MELÃO

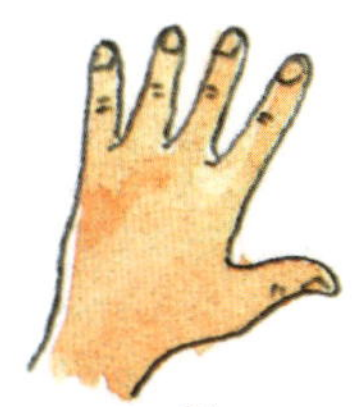

MÃO

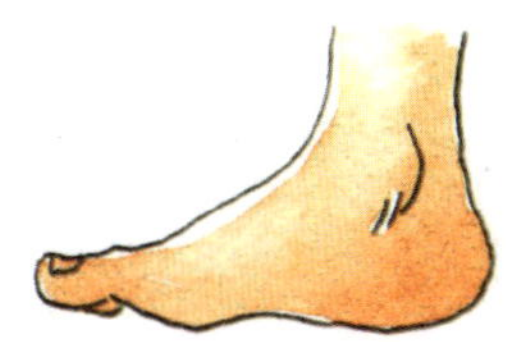

PÉ

Ilustrações: Alberto Stefano/ Arquivo da editora

- LIGUE AS PALAVRAS QUE COMPÕEM AS RIMAS DA CANTIGA.

NOMES DIFERENTES... EM DIFERENTES LUGARES

MATERIAL DE APOIO

- ACOMPANHE A LEITURA DO PROFESSOR.

ILUSTRES DESCONHECIDAS

JENIPAPO, SAPOTI,
CAJÁ, CAJÁ-MANGA,
JACA, JUÁ, FRAMBOESA,
FRUTA-PÃO, AÇAÍ,
CAJUAÇU E CUPUAÇU
SÃO FRUTAS QUE NUNCA VI.

DE ALGUMAS, JÁ OUVI FALAR,
MAS AINDA NÃO TIVE O PRAZER
DE VER, DE TOCAR, DE CHEIRAR
E DE SABOREAR.
[...]

POESIA É FRUTA DOCE E GOSTOSA, DE ELIAS JOSÉ.
SÃO PAULO: FTD, 2006. P. 34. (ARCA DE NOÉ).

- AGORA, OBSERVE AS FRUTAS DA **PÁGINA 39**.

- COMPLETE AS PALAVRAS.
- PINTE A LETRA **M** NAS PALAVRAS EM QUE ELA APARECE.

T	A	N	G	E	R	I	N	A
B	E	R	G	A	___	___	T	A
___	___	X	E	R	I	C	A	

anitasstudio/Shutterstock

___	___	C	A	X	E	I	R	A
___	___	N	D	I	O	C	A	
A	I	P	I	___				

Lotus Images/Shutterstock

QUE CHEIRO BOM...

- ACOMPANHE A LEITURA DO PROFESSOR.

GOIABA

ANTES DE VER A GOIABA,
JÁ SEI QUE É TEMPO
DE GOIABA.

O AR SE ENCHE DO CHEIRO
DE GOIABA.
[...]

POESIA É FRUTA DOCE E GOSTOSA, DE ELIAS JOSÉ. SÃO PAULO: FTD, 2006. P. 8. (ARCA DE NOÉ).

JIANG HONGYAN/Shutterstock

Khumthong/Shutterstock

Alberto Stefano/ Arquivo da editora

- CONTORNE O NOME DA FRUTA QUE É O TÍTULO DO POEMA TODAS AS VEZES QUE ELE APARECER NO TEXTO.
- COMPLETE O NOME DA FRUTA NO QUADRO AO LADO.

___	___	I	A	___	___

CANTAR E BRINCAR COM RIMAS

- CANTE A CANÇÃO E ACOMPANHE A LEITURA DO TEXTO.

SOPA

O QUE QUE TEM NA SOPA DO NENÉM?
O QUE QUE TEM NA SOPA DO NENÉM?
[...]
SERÁ QUE TEM FARINHA?
SERÁ QUE TEM BALINHA!?
SERÁ QUE TEM MACARRÃO?
SERÁ QUE TEM CAMINHÃO?!
[...]

PALAVRA CANTADA. DISPONÍVEL EM: <HTTP://PALAVRACANTADA.COM.BR/MUSICA/SOPA/>. ACESSO EM: 11 OUT. 2019.

Africa Studio/Shutterstock

New Africa/Shutterstock

FARINHA RIMA COM BALINHA.

bigacis/Shutterstock

Matej Pavlansky/Shutterstock

MACARRÃO RIMA COM CAMINHÃO.

- DESENHE NO ESPAÇO AO LADO UM ANIMAL CUJO NOME RIME COM **BATATA**.

Binh Thanh Bui/Shutterstock

BATATA RIMA COM

TODO MUNDO SABE DORMIR?

- OUÇA A CANÇÃO.

TODO MUNDO SABE DORMIR

TODO MUNDO SABE DORMIR
GENTE, GATO, JABUTI,
PEIXINHO, MACACO, LEÃO
MOSCA, MOSQUITO, SIRI
[...]
TEM SÓ QUE FECHAR
A **JANELA** DO OLHAR
E A **PORTA** DA VOZ
[...]

ADIVINHA O QUE É (DVD), DE MPB4.
UNIVERSAL, FAIXA 6.

Alberto Stefano/Arquivo da editora

- O QUE É PRECISO PARA DORMIR? COMPLETE AS PALAVRAS DA FRASE PARA RESPONDER.

TEM SÓ QUE FECHAR

A | J | __ | N | __ | L | __ | DO OLHAR

E A | P | __ | R | T | __ | DA VOZ.

BARATA, UAU!

- DIVIRTA-SE COM A CANÇÃO!

ROCK DA BARATA

ESSA É A HISTÓRIA DA BARATA
QUE LEVAVA UMA VIDA TÃO NORMAL
VIVIA USANDO TERNO E GRAVATA
E PASSAVA O DIA LENDO JORNAL
[...]

WEBER LOPES. PÉ DE SONHO. DISPONÍVEL EM: <HTTPS://WWW.YOUTUBE.COM/WATCH?V=LK4JU7JX7EM>. ACESSO EM: 7 OUT. 2019.

- DESENHE E PINTE NO ESPAÇO AO LADO UMA BARATA DIFERENTE E DEPOIS MOSTRE AOS COLEGAS COMO ELA É.

NA NATUREZA EXISTEM MUITOS ANIMAIS...

... E ALGUNS SÃO MUITO GRANDES!

- VEJA AS IMAGENS DO RINOCERONTE E DO ELEFANTE.

gualtiero boffi/ Shutterstock

R	I	___	___	C	E	R	O	N	___	___

SENHOR ELEFANTE
É MUITO TROMBUDO.
É POUCO ELEGANTE,
É MUITO ORELHUDO.

CONTOS DE MINHA INFÂNCIA – VOLUME 2, DE CRISTINA BARTOLETI DIONÍSIO. JOINVILLE: CLUBE DE AUTORES, 2011, P. 29.

Four Oaks/Shutterstock

E	___	___	F	A	N	___	___

Alberto Stefano/ Arquivo da editora

- EM QUE ESSES ANIMAIS SE PARECEM?
- EM QUE ELES SÃO DIFERENTES?
- COMPLETE O NOME DOS ANIMAIS.

MAIS ALGUNS ANIMAIS...

- OBSERVE AS FOTOS DESTES ANIMAIS.

Anan Kaewkhammul/ Shutterstock

___	N	Ç	___

Anan Kaewkhammul/ Shutterstock

Z	___	B	R	___

g_tech/Shutterstock

G	___	R	___	F	___

- EM QUE ESSES ANIMAIS SE PARECEM?
- EM QUE ELES SÃO DIFERENTES?
- COMPLETE O NOME DE CADA ANIMAL COM AS LETRAS QUE FALTAM.

DESAFIO

- COMPLETE O NOME DOS ANIMAIS COM AS LETRAS QUE FALTAM E DESCUBRA A RESPOSTA DA ADIVINHA.

O QUE É, O QUE É?
O URUBU TEM TRÊS.
O URSO TEM UMA.

ADIVINHA POPULAR.

Alberto Stefano/Arquivo da editora

Mr.Nipitphon Vetayavong/Shutterstock

___	R	___	B	___

Daria Rybakova/Shutterstock

___	R	S	O

QUE MACACO CURIOSO!

- ACOMPANHE A LEITURA DO PROFESSOR.
- ENCONTRE NO TEXTO AS PALAVRAS QUE COMEÇAM COM A LETRA **M** E CONTORNE-AS.

O **MACACO** VÊ A **MALA**.

O **MACACO** CUTUCA A **MALA**.

DA **MALA** PULA A **MOLA**.

[...]

O **MACACO** FICA **MOLE** DE **MEDO**.

— A **MOLA** SERÁ **MALUCA**?

[...]

O MACACO E A MOLA, DE SONIA JUNQUEIRA.
SÃO PAULO: ÁTICA, 2007. P. 2, 5 E 11.

- AS PALAVRAS ABAIXO FORAM RETIRADAS DO TEXTO. COMPLETE-AS.

___	___	C	A	C	O

___	___	L	A

___	___	L	E

ELES VIVEM NO MAR

- VOCÊ CONHECE ESTES HABITANTES DO MAR?

TUBARÃO

POLVO

Ilustrações: Alberto Stefano/ Arquivo da editora

BALEIA

TARTARUGA

- PINTE OS NOMES DOS ANIMAIS QUE COMEÇAM COM A MESMA LETRA.
- ESCREVA ESSA LETRA NO QUADRINHO. ____
- COM OS COLEGAS, ESCREVA EM UM CARTAZ OS NOMES DE OUTROS ANIMAIS QUE COMEÇAM COM A LETRA **T**.

BICHOS COM B?

- OUÇA COM ATENÇÃO A LEITURA DO POEMA.

QUE NOME DE BICHO INICIA COM B?

UM **BOI** BRAVO,
UM BANDO DE **BÚFALOS**,
UMA **BALEIA** BONITA!

BICHODÁRIO, DE TELMA GUIMARÃES CASTRO ANDRADE.
SÃO PAULO: FTD, 2016.

Alberto Stefano/Arquivo da editora

- CONTORNE OS NOMES DOS ANIMAIS QUE APARECEM NO POEMA.
- COM QUE LETRA ELES COMEÇAM? ____
- COMPLETE OS NOMES DOS ANIMAIS COM AS LETRAS QUE FALTAM.

B	___	___

___	___	L	E	I	A

B	Ú	___	___	___	___

VAMOS CANTAR?

- CANTE ESTA CANÇÃO COM OS COLEGAS.

O ANIMAL DE ESTIMAÇÃO

PODE SER UM **PEIXE**
QUE NUNCA SAI DO AQUÁRIO
OU UM **PAPAGAIO**
EXPANDINDO SEU VOCABULÁRIO
[...]
VOCÊ SABE BEM COMO É GOSTOSA A SENSAÇÃO
DE TER UM ANIMAL DE ESTIMAÇÃO!
[...]

A FAMÍLIA (CD), GRUPO CRIA. COMPOSIÇÃO DE VINÍCIUS CASTRO. 2013, FAIXA 10.

- CONTORNE NO TEXTO O NOME DE ANIMAIS DE ESTIMAÇÃO.

Alberto Stefano/ Arquivo da editora

- AGORA, COMPLETE OS NOMES COM AS LETRAS QUE FALTAM.

___	___	___	X	E

___	___	___	___	G	A	I	O

- DESENHE NO ESPAÇO A SEGUIR OUTROS ANIMAIS QUE PODEM SER DE ESTIMAÇÃO.

GATINHA LINDA!

- ACOMPANHE A CANTIGA COM O PROFESSOR.

GATINHA PARDA

AH, MINHA GATINHA PARDA,
QUE EM JANEIRO ME FUGIU.
QUEM ROUBOU MINHA GATINHA?
VOCÊ SABE, VOCÊ SABE, VOCÊ VIU?
[...]

CANTIGA POPULAR.

- VAMOS IMITAR O SOM QUE O GATO FAZ? PRESTE ATENÇÃO, O PROFESSOR VAI EXPLICAR A BRINCADEIRA.
- ENCONTRE E PINTE AS GATINHAS QUE APARECEM NO DESENHO.

Alberto Stefano/ Arquivo da editora

QUE ANIMAIS SÃO ESTES?

- VOCÊ JÁ VIU ESTES ANIMAIS?

Aksenova Natalya/Shutterstock

PATO

Eric Isselee/Shutterstock

CORUJA

Tracy Starr/ Shutterstock

PAPAGAIO

Alberto Stefano/ Arquivo da editora

- EM QUE ESSES ANIMAIS SE PARECEM?
- EM QUE ELES SÃO DIFERENTES?
- QUAL DELES PODE IMITAR A VOZ DE UM SER HUMANO? CONTORNE-O.
- PINTE OS NOMES DOS ANIMAIS QUE COMEÇAM E TERMINAM COM LETRAS IGUAIS.

OUTRAS AVES!

- CONHEÇA O NOME DE ALGUMAS AVES.

___	___	V	Ã	O

___	___	N	G	U	I	M

___	___	M	B	O

- DESTAQUE AS IMAGENS DA **PÁGINA 39** E COLE-AS NO LUGAR CORRETO. DEPOIS, COMPLETE O NOME DAS AVES.

MATERIAL DE APOIO

SUGESTÃO DE LIVRO

PÁSSARO AMARELO, DE OLGA DE DIOS. SÃO PAULO: BOITATÁ, 2016.

CANTAR É BOM DEMAIS!

• DIVIRTA-SE, AGORA, COM ESTAS CANÇÕES DE VINICIUS DE MORAES.

Ilustrações: Alberto Stefano/ Arquivo da editora

PATO

GATO

O PATO

LÁ VEM O **PATO**
PATA AQUI, PATA ACOLÁ
LÁ VEM O **PATO**
PARA VER O QUE É QUE HÁ.
[...]

VINICIUS DE MORAES. DISPONÍVEL EM: <HTTP://WWW.VINICIUSDEMORAES.COM.BR/PT-BR/MUSICA/CANCOES/O-PATO>. ACESSO EM: 11 OUT. 2019.

O GATO

COM UM LINDO SALTO
LEVE E SEGURO
O **GATO** PASSA
DO CHÃO AO MURO
[...]

VINICIUS DE MORAES. DISPONÍVEL EM: <HTTP://WWW.VINICIUSDEMORAES.COM.BR/PT-BR/MUSICA/CANCOES/O-GATO>. ACESSO EM: 11 OUT. 2019.

• OBSERVE O NOME DOS DOIS ANIMAIS. TODAS AS LETRAS QUE OS FORMAM SÃO IGUAIS?
• O QUE HÁ DE DIFERENTE NO NOME DESSES ANIMAIS?
• CONTORNE NAS DUAS LETRAS DE CANÇÃO AS PALAVRAS **PATO** E **GATO**.

CRUZADINHA

- ACOMPANHE COM O PROFESSOR A LEITURA DO POEMA.

A **PERERECA**, QUE **SAPECA**!
PULOU, PULOU,
CAIU DENTRO DA **CANECA**.

NO OCO DO TOCO: HAICAIS PARA CRIANÇAS, DE EDMÉA CAMPBELLS. SÃO PAULO: PAULINAS, 2009. P. 20. (CAVALO-MARINHO. SÉRIE CON-VERSO).

- ENCONTRE AS PALAVRAS QUE RIMAM E COMPLETE A CRUZADINHA.

Ilustrações: Alberto Stefano/ Arquivo da editora

P E R E R E C A

VIDA DE BICHO...

- ACOMPANHE A LEITURA DO PROFESSOR E CANTE ESTA CANÇÃO.

VIDA DE BICHO

VIDA DE BICHO É MESMO MUITO **BOA**,
O PATO NADA ALEGRE NA **LAGOA**.
PASSARINHO VOA LIVRE LÁ NO CÉU, NO **AR**,
BALEIA MERGULHA NO **MAR**!
[...]

CANTEIRO: MÚSICAS PARA BRINCAR, DE MARGARETH DAREZZO. SÃO PAULO: ÁTICA, 2011.

- CONTORNE NA CANÇÃO AS PALAVRAS QUE RIMAM.
- LIGUE CADA ANIMAL AO SEU *HABITAT*.

photomaster/Shutterstock

Super Prin/Shutterstock

iStockphoto/Getty Images

Aekawit Rammaket/Shutterstock

Travel Faery/Shutterstock

Romolo Tavani/Shutterstock

QUERO CASA COM JANELA

• OUÇA A HISTÓRIA. DEPOIS, DESENHE A CASA DA GALINHA OVOLINA.

SUGESTÃO DE LIVRO

QUERO CASA COM JANELA, DE ELZA CESAR SALLUT. SÃO PAULO: ÁTICA, 2009. (LAGARTA PINTADA).

MATERIAL DE APOIO

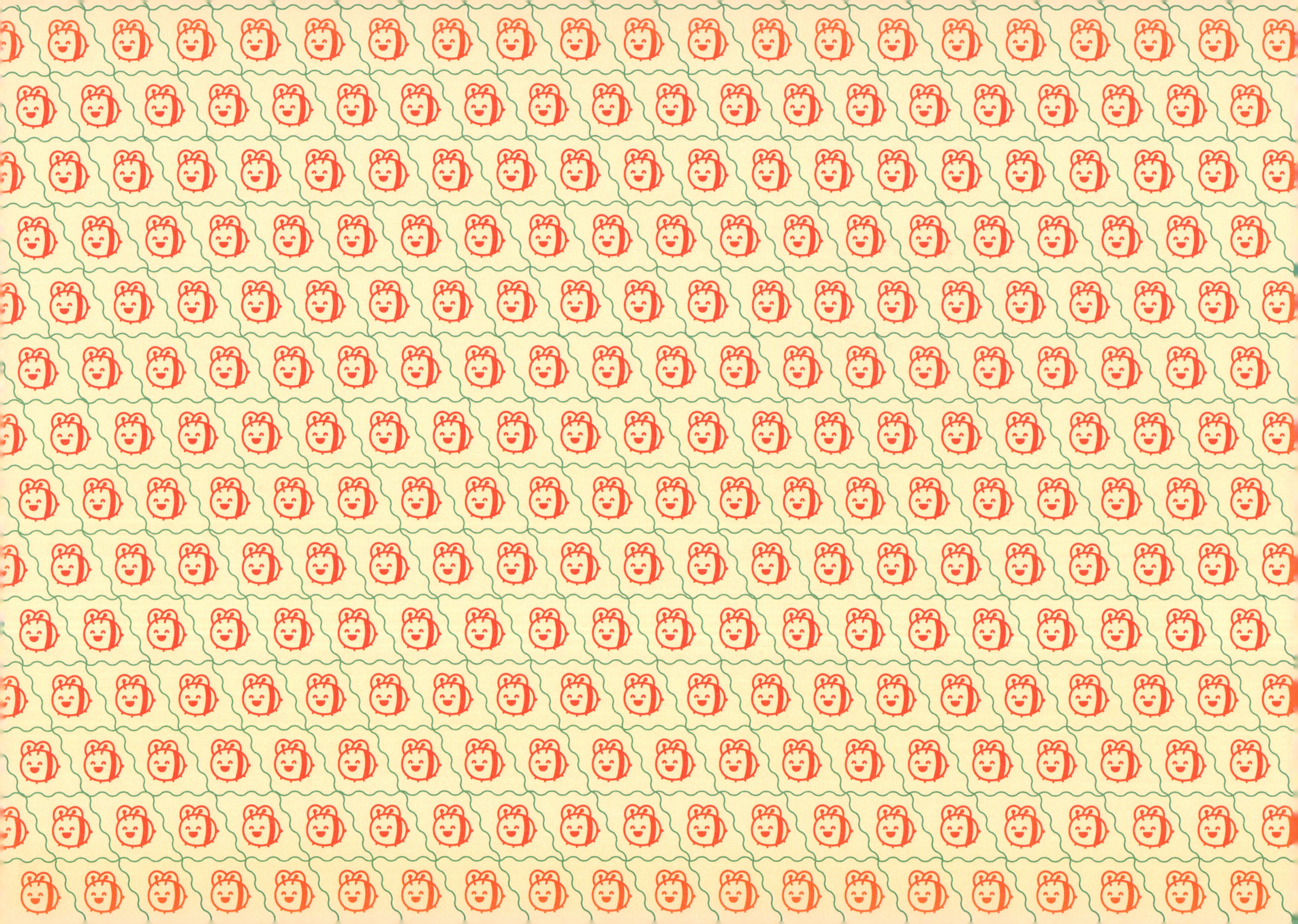

ENVELOPE PARA O ALFABETO MÓVEL

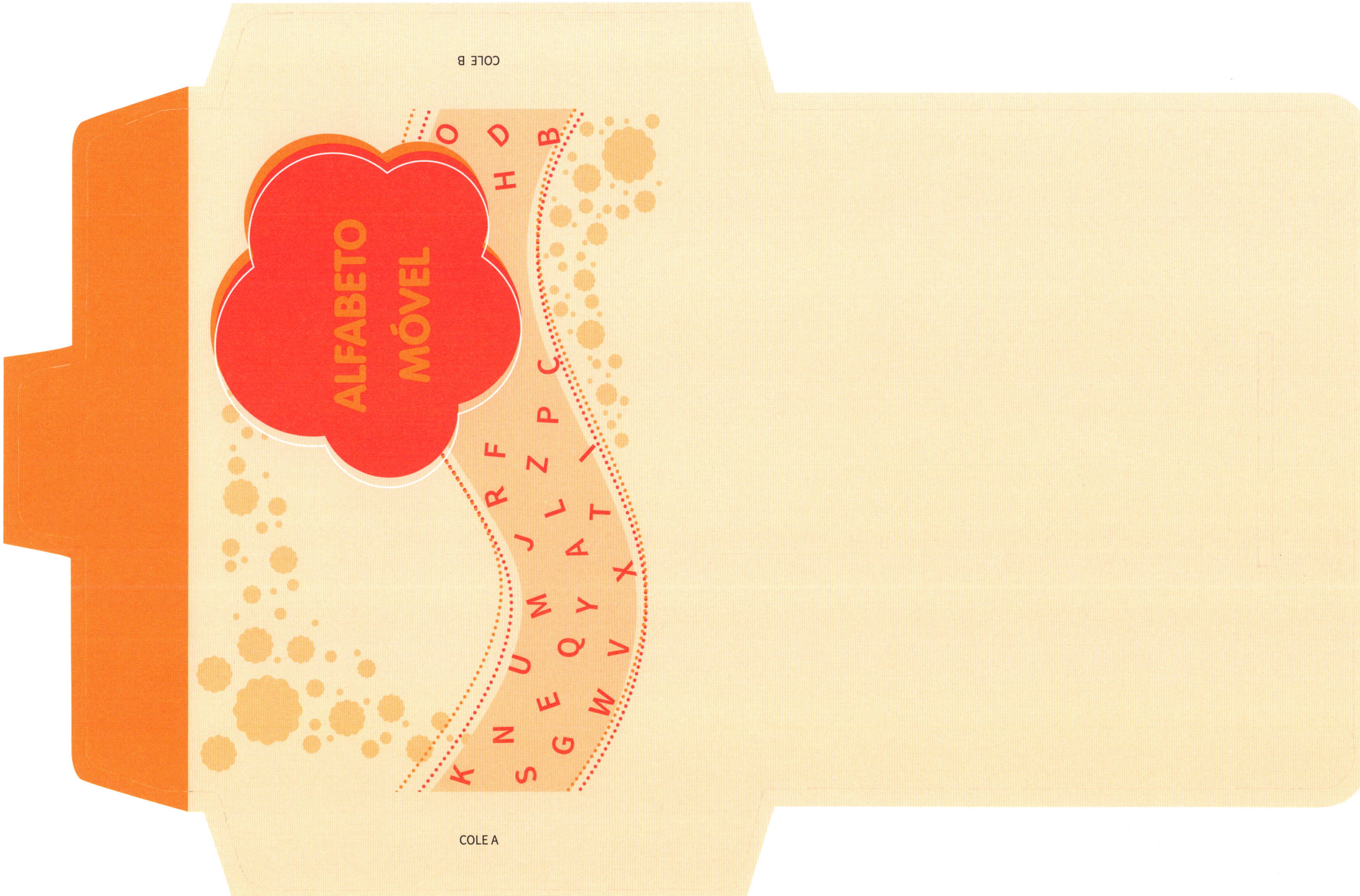

DOBRE

B

DOBRE

DOBRE

A

DOBRE

ALFABETO MÓVEL

B	B	B	C	C	C	D
D	D	F	F	F	G	G
G	H	H	H	J	J	J
K	K	K	L	L	L	M

M	M	N	N	N	P	P
P	Q	Q	Q	R	R	R
S	S	S	T	T	T	V
V	V	W	W	W	X	X

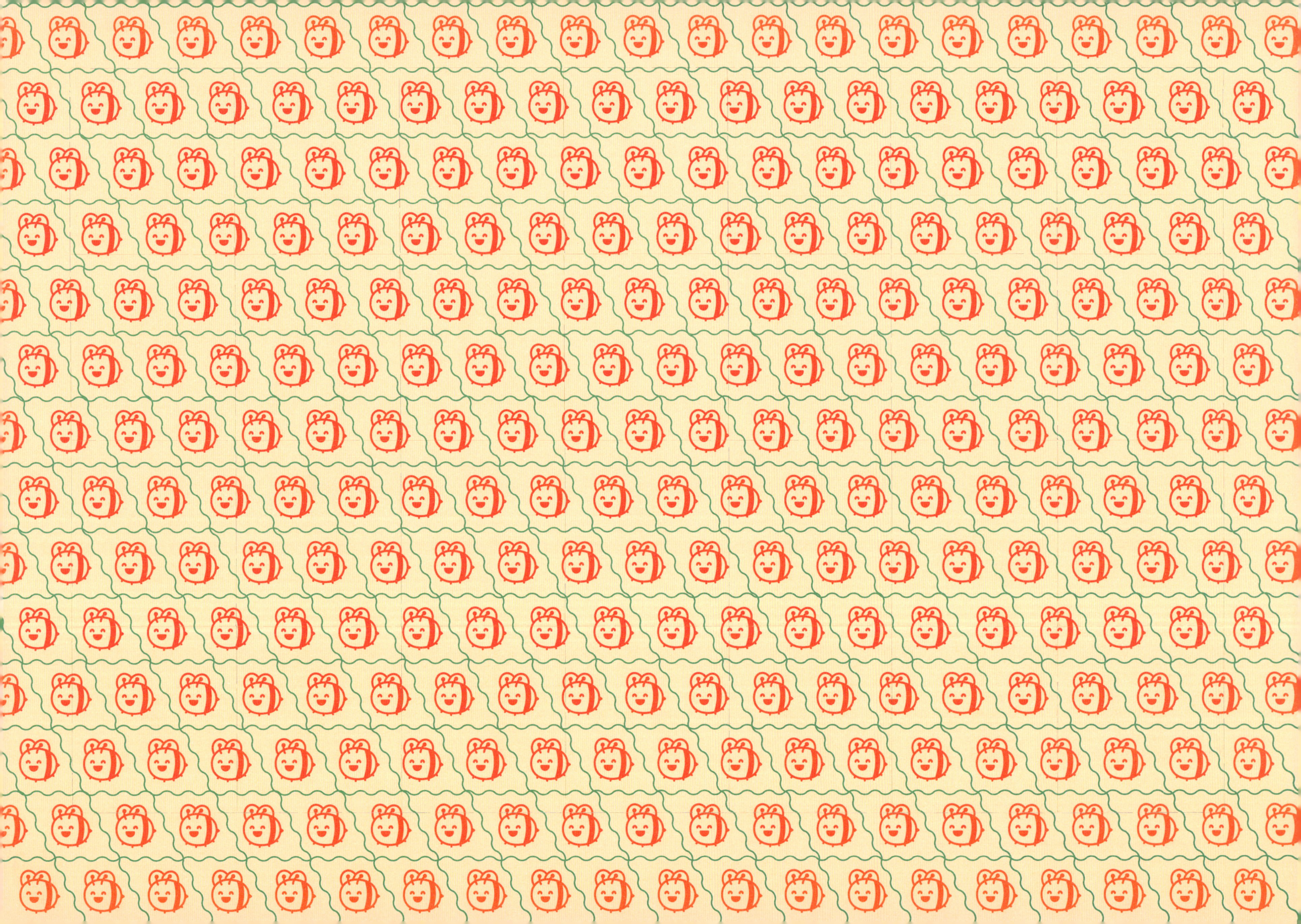

X	Y	Y	Y	Z	Z	Z
Ç	Ç	A	A	A	A	Á
Á	Â	Â	Ã	Ã	E	E
E	Ê	Ê	É	É	I	I

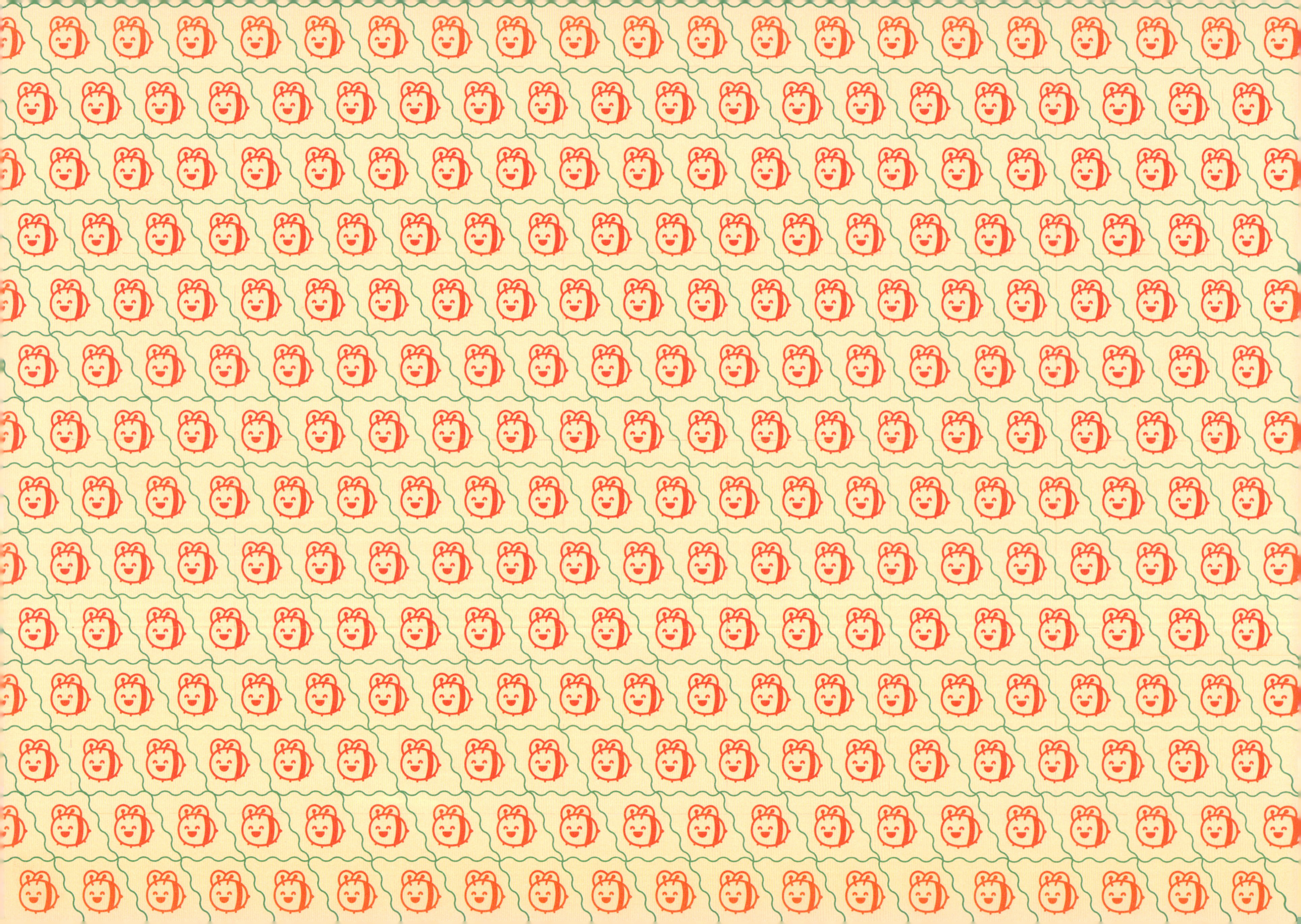

I	I	I	Í	Í	O	O
O	Ó	Ó	Ô	Ô	Õ	Õ
U	U	U	Ú	Ú	-	-

ALFABETO

ANA

A A

ABELHA

irin-k/Shutterstock

BRUNO

B B

BOLA

irin-k/Shutterstock

CAUÃ

C C

COPO

DenisNata/Shutterstock

DIEGO

D D

DADO

Cristina Nakamura/Shutterstock

ELIANA

E E

ESTOJO

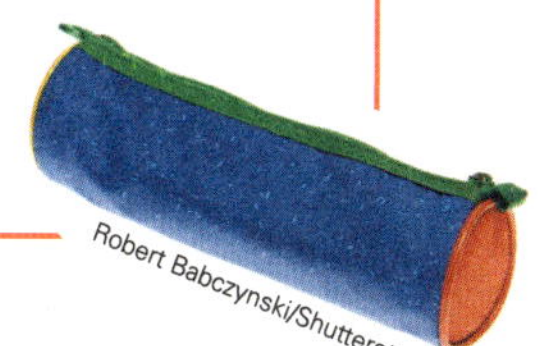

Robert Babczynski/Shutterstock

FELIPE

F F

FOLHA

azure1/Shutterstock

GABRIEL

G G

GATA

Africa Studio/Shutterstock

HELENA

H H

HAMBÚRGUER

Eivaisla/Shutterstock

ÍSIS

I I

IGUANA

Vera Larina/Shutterstock

JOÃO

J J

JACARÉ

Robert Eastman/Shutterstock

KÁTIA

K K

KIWI

Roman Samokhin/Shutterstock

LIA

L L

LIVRO

Fototocam/Shutterstock

MANUELA

M M

MAMÃO

yingtustocker/Shutterstock

NATÁLIA

N N

NAVIO

Vereshchagin Dmitry/Shutterstock

OLAVO

O O

OVO

Valery121283/Shutterstock

PEDRO

P P

PATO

MisterStock/Shutterstock

QUIRINO

Q Q

QUIABO

MRS.Siwaporn/Shutterstock

RAFAEL

R R

RODA

Den Rozhnovsky/Shutterstock

SOFIA

S S

SAPATO

goir/Shutterstock

TAÍS

T T

TUCANO

Golbay/Shutterstock

URIEL

U U

UVA

M Kunz/Shutterstock

VÍTOR

V V

VACA

Eric Isselee/
Shutterstock

WILLIAM

W W

WINDSURFE

Visual Generation/Shutterstock

XAVIER

X X

XÍCARA

wegosi/Shutterstock

YOLANDA

Y Y

YAKISOBA

rodrigobark/Shutterstock

ZACARIAS

Z Z

ZERO

0

LETRAS ENFEITADAS

LETRAS PARA A ATIVIDADE DA **PÁGINA 24** DO LIVRO.

A B C D E F

G H I J K L

M N O P Q R

S T U V W X

Y Z

HORA DO JOGO E DA BRINCADEIRA – JOGO DA TURMA DA LIA

PEÇAS PARA A ATIVIDADE DA **PÁGINA 27** DO LIVRO.

Ilustrações: Alberto Stefano/ Arquivo da editora

MANUELA

CAUÃ

ANA

SOFIA

BETO

LIA

BRUNO

CAUÃ

SOFIA

LIA

MANUELA

BRUNO

ANA

BETO

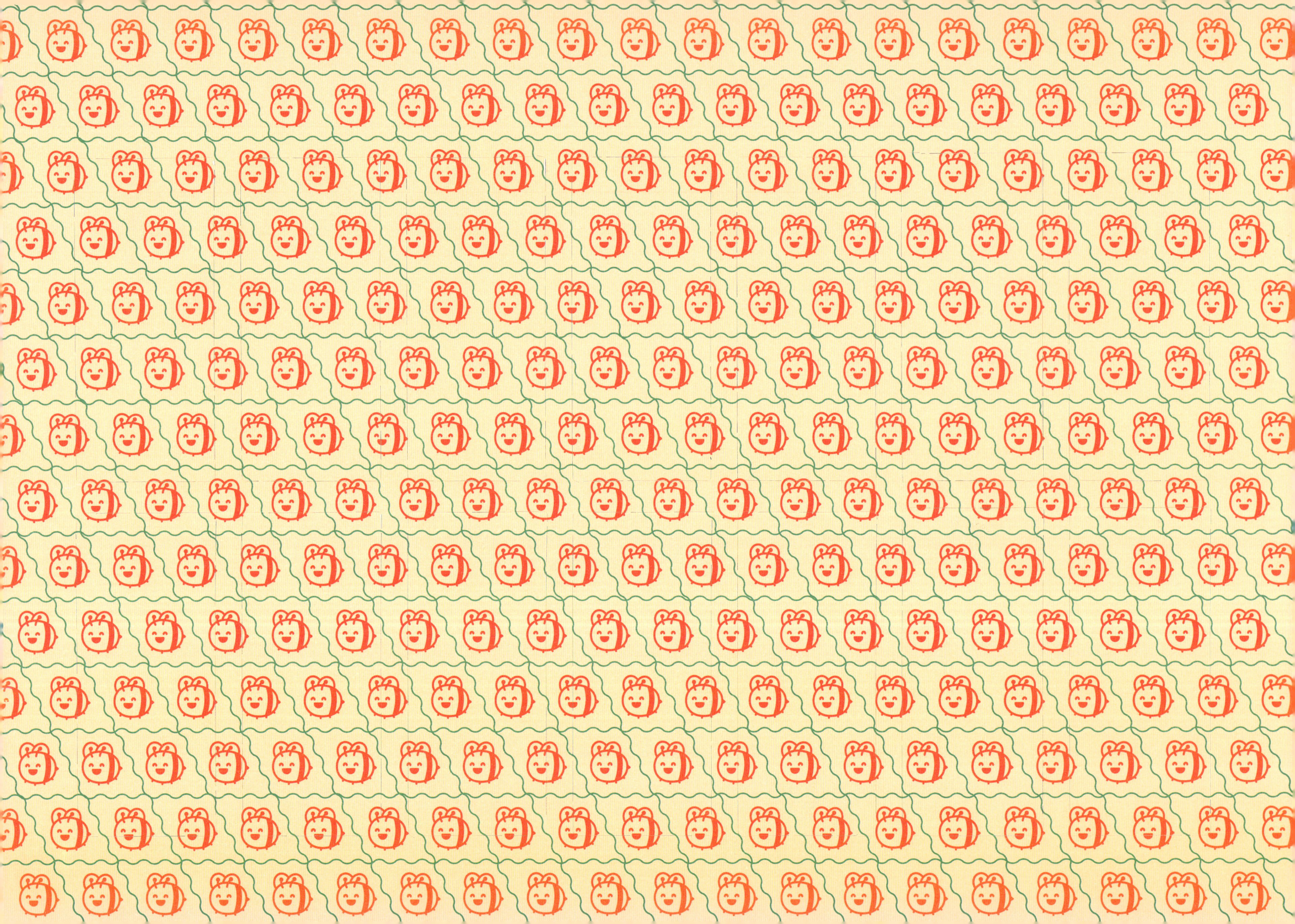

MÃO NA MASSA!

IMAGENS PARA A ATIVIDADE DA **PÁGINA 52** DO LIVRO.

Ilustrações: Alberto Stefano/ Arquivo da editora

HORA DA HISTÓRIA – SOPA DE PEDRA

IMAGENS PARA A ATIVIDADE DA **PÁGINA 58** DO LIVRO.

Ilustrações: Alberto Stefano/ Arquivo da editora

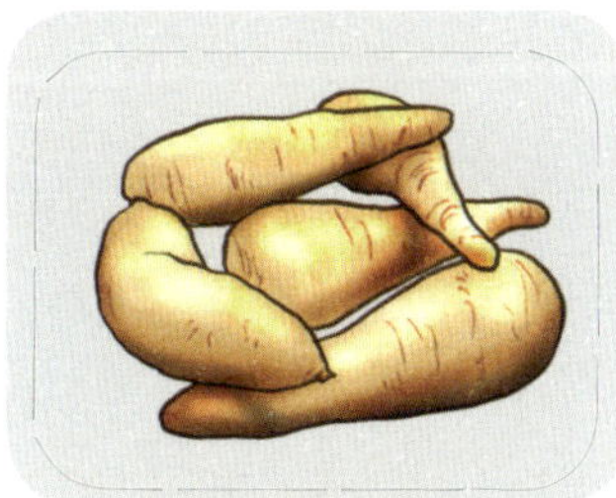

HORA DO JOGO E DA BRINCADEIRA – MONTAR PALAVRAS

PEÇAS PARA A ATIVIDADE DA **PÁGINA 65** DO LIVRO.

Ilustrações: Alberto Stefano/ Arquivo da editora

TAPETE

BOLA

SOPA

BONECA

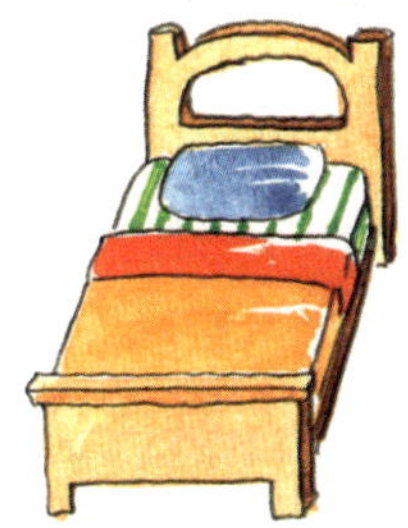

CAMA

BALA

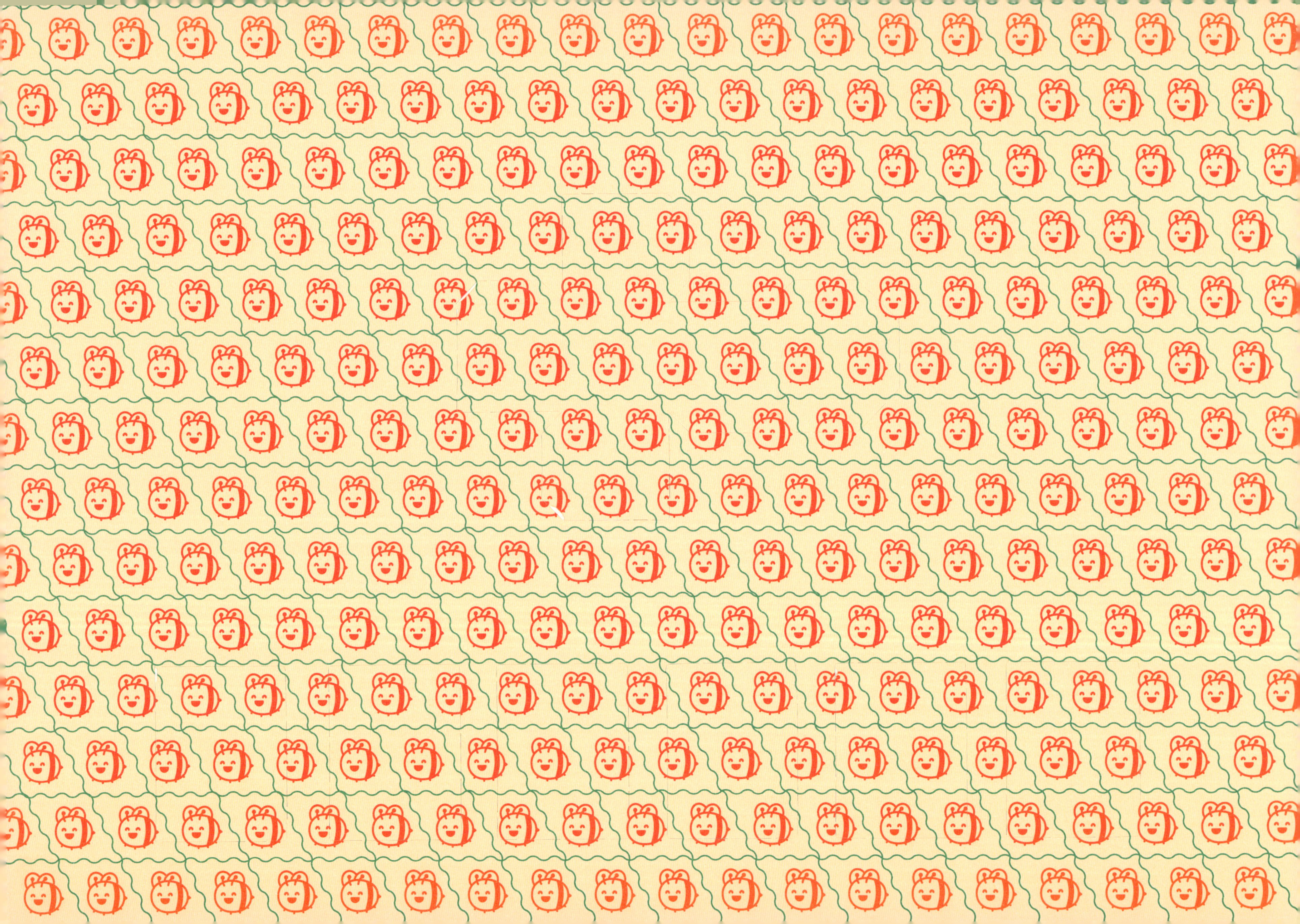

HORA DO JOGO E DA BRINCADEIRA – MONTAR PALAVRAS

PEÇAS PARA A ATIVIDADE DA **PÁGINA 65** DO LIVRO.

T	A	P	E	T	E		
S	O	P	A	B	O	L	A
B	O	N	E	C	A		
C	A	M	A	B	A	L	A

ATENÇÃO AO MOVIMENTO!

IMAGENS PARA A ATIVIDADE DA **PÁGINA 66** DO LIVRO.

Ilustrações: Alberto Stefano/ Arquivo da editora

DIA E NOITE

CENAS PARA A ATIVIDADE DA **PÁGINA 68** DO LIVRO.

Ilustrações: Alberto Stefano/ Arquivo da editora

QUEM SABE A RESPOSTA?

IMAGENS PARA A ATIVIDADE DA **PÁGINA 87** DO LIVRO.

Ilustrações: Alberto Stefano/ Arquivo da editora

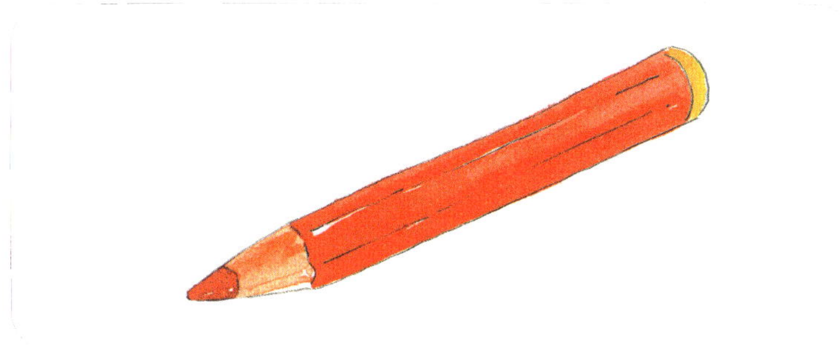

UM ESTOJO... QUE PRESENTE LEGAL!

IMAGENS PARA A ATIVIDADE DA **PÁGINA 88** DO LIVRO.

Ilustrações: Alberto Stefano/ Arquivo da editora

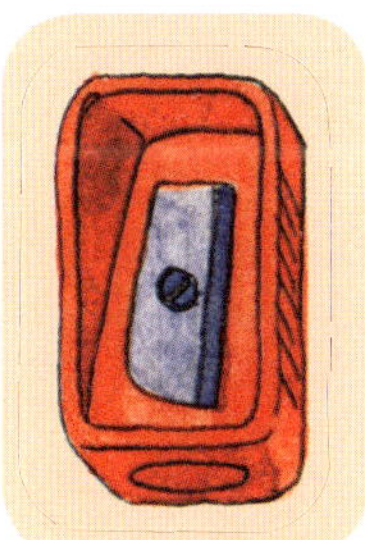

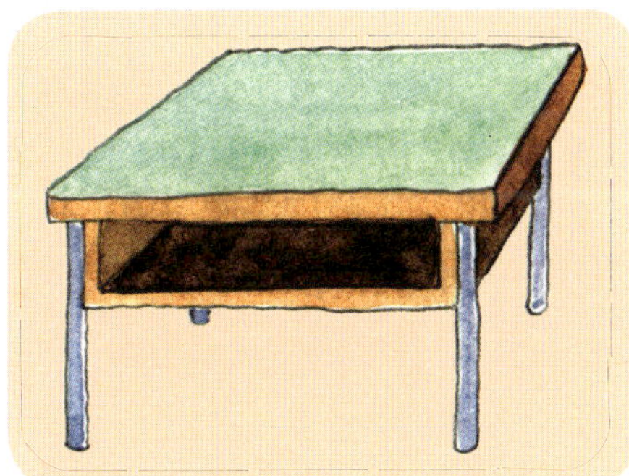

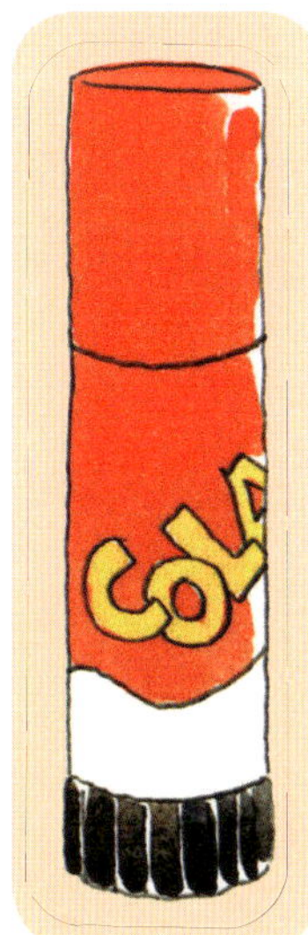

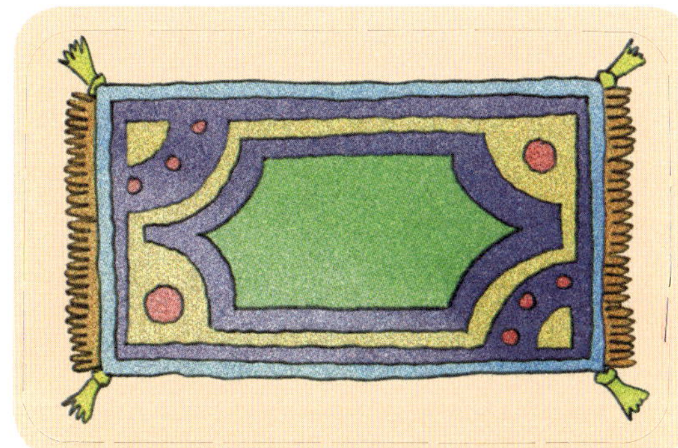

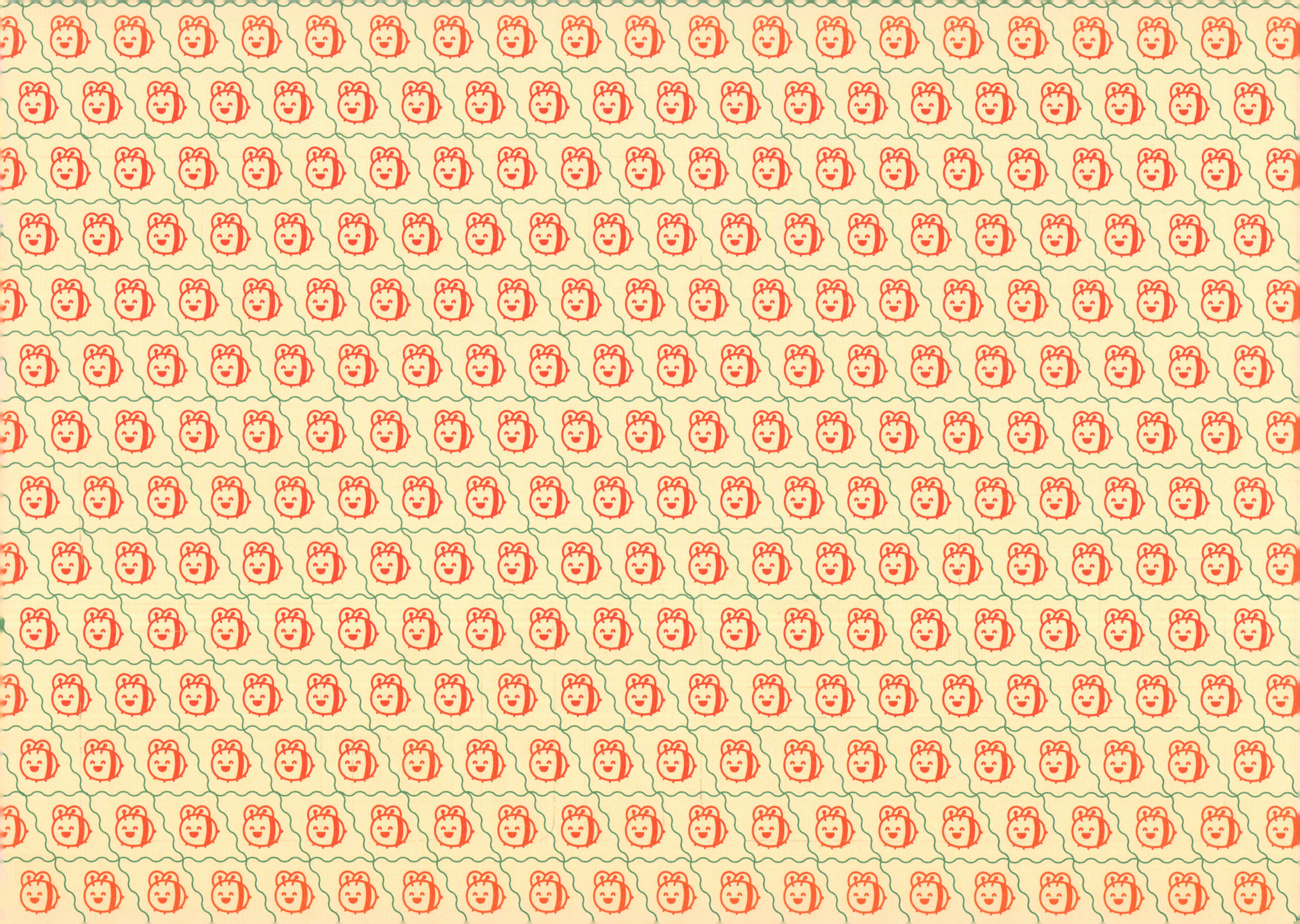

HORA DA HISTÓRIA – BIBI COMPARTILHA SUAS COISAS

CENAS PARA A ATIVIDADE DA **PÁGINA 89** DO LIVRO.

Ilustrações: Alberto Stefano/ Arquivo da editora

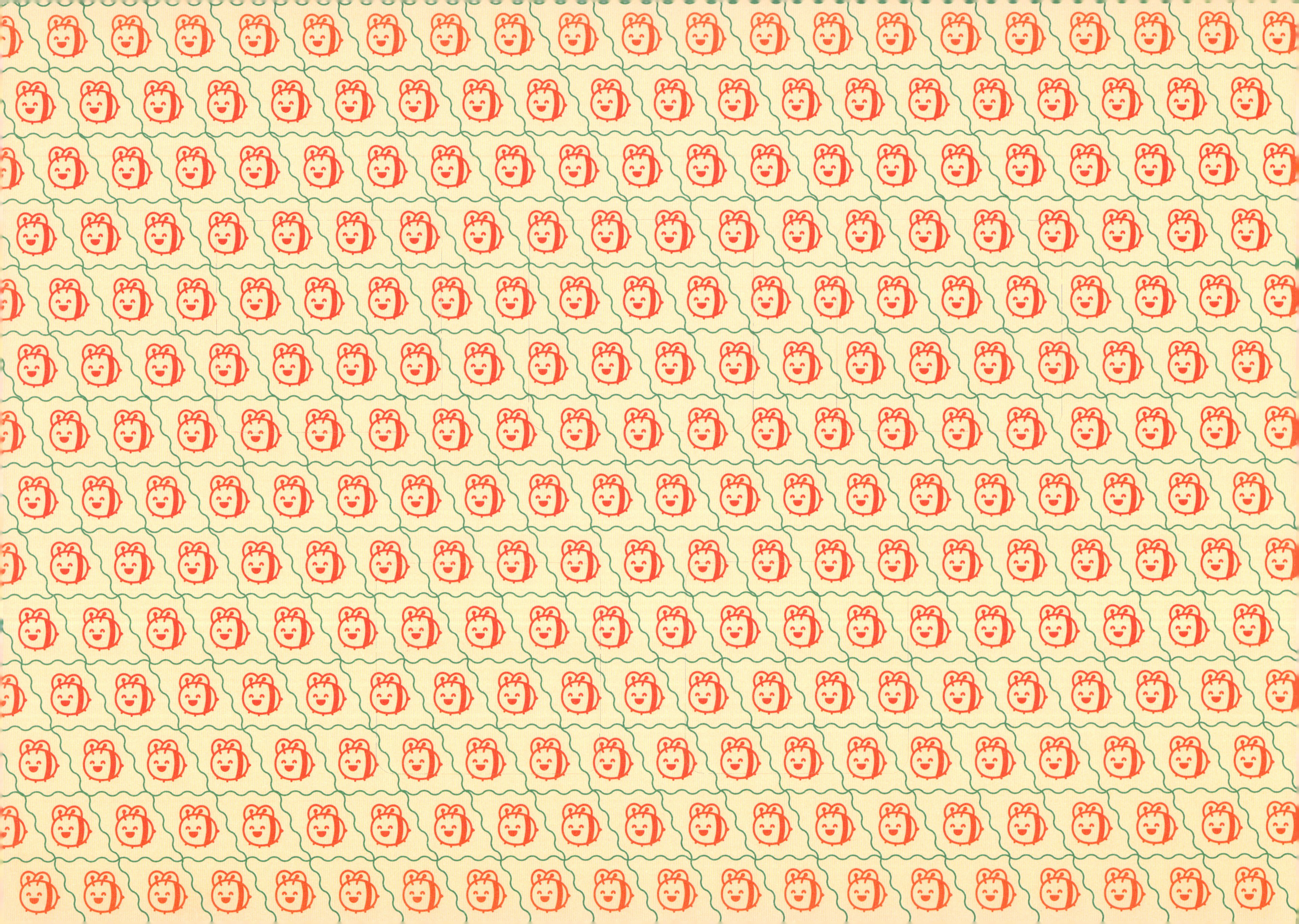

HORA DO JOGO E DA BRINCADEIRA – JOGO DA MEMÓRIA

CARTAS PARA A ATIVIDADE DA **PÁGINA 93** DO LIVRO.

Ilustrações: Alberto Stefano/
Arquivo da editora

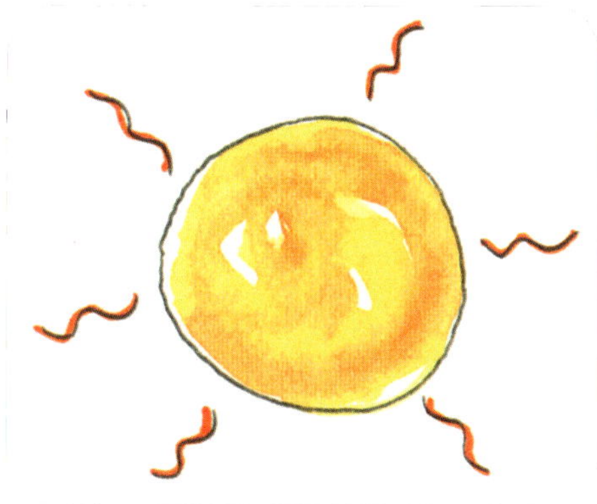
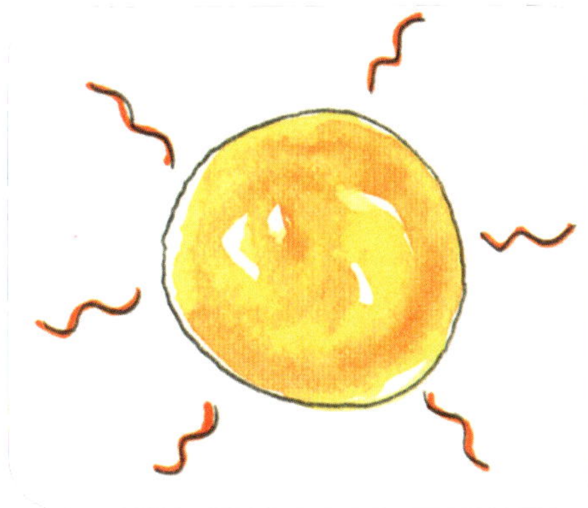

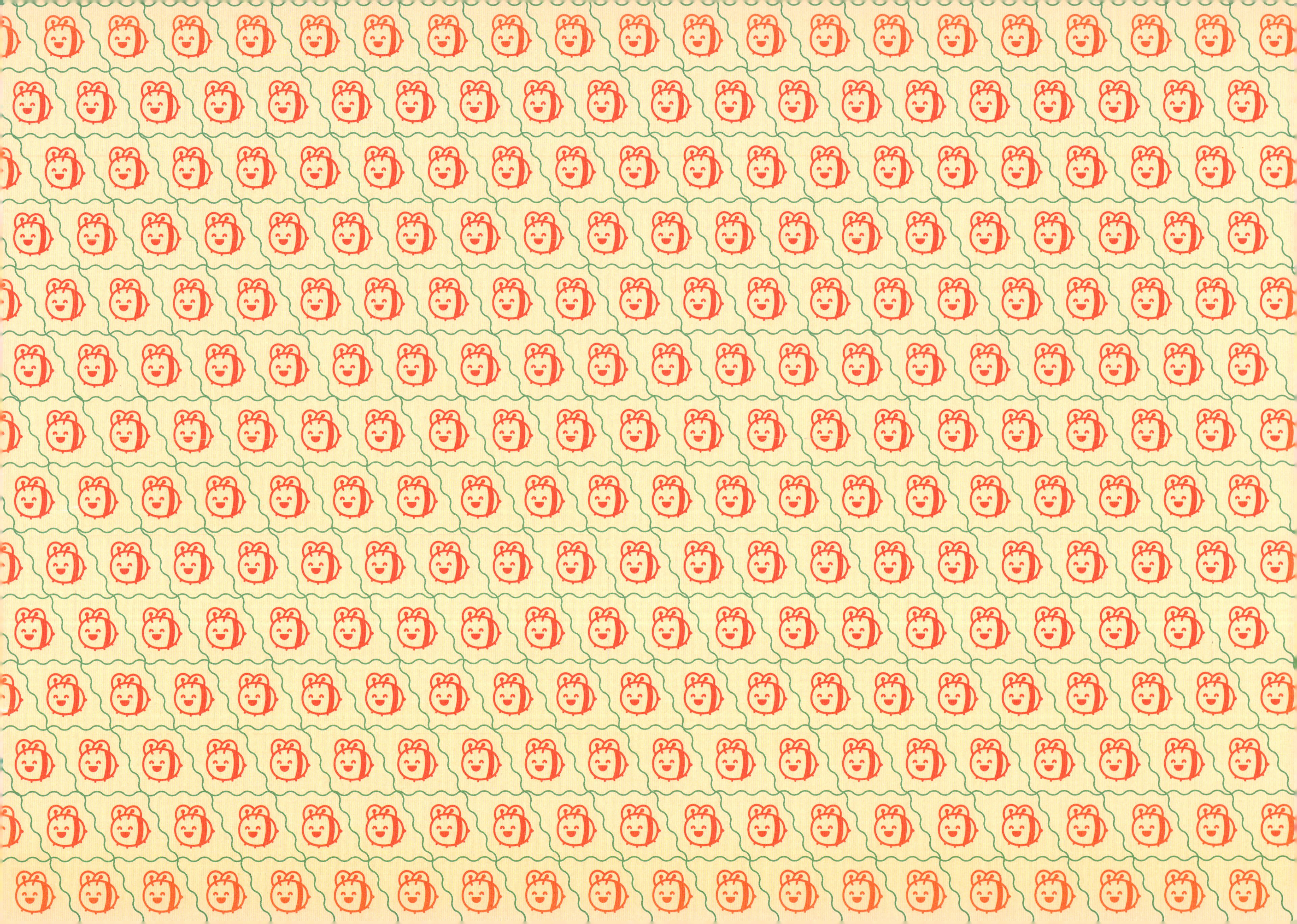

QUAL É A ESTAÇÃO DO ANO?

IMAGENS PARA A ATIVIDADE DA **PÁGINA 104** DO LIVRO.

Ilustrações: Alberto Stefano/ Arquivo da editora

O QUE TEM NA FEIRA?

IMAGENS PARA A ATIVIDADE DA **PÁGINA 106** DO LIVRO.

Valentina Razumova/ Shutterstock

Tim UR/ Shutterstock

DenisNata/ Shutterstock

O QUE É ISSO?

PEÇAS PARA A ATIVIDADE DA **PÁGINA 108** DO LIVRO.

Viktar Malyshchyts/Shutterstock

NOMES DIFERENTES... EM DIFERENTES LUGARES

IMAGENS PARA A ATIVIDADE DA **PÁGINA 110** DO LIVRO.

Valentina Razumova/Shutterstock

AÇAÍ

iStockphoto/Getty Images

CAJÁ

Paulo Vilela/Shutterstock

CAJÁ-MANGA

rodrigobark/Shutterstock

CAJUAÇU

Leo Fernandes/Shutterstock

CUPUAÇU

Nattika/Shutterstock

FRAMBOESA

SOMMAI/Shutterstock

FRUTA-PÃO

Khumthong/Shutterstock

GOIABA BRANCA

JIANG HONGYAN/Shutterstock

GOIABA VERMELHA

Mr.Nakorn/Shutterstock

JACA

lnmfoto/Shutterstock

JENIPAPO

osoznanie.jizni/Shutterstock

JUÁ

Lotus Images/Shutterstock

MANDIOCA

artphotoclub/Shutterstock

SAPOTI

anitasstudio/Shutterstock

TANGERINA

OUTRAS AVES!

IMAGENS PARA A ATIVIDADE DA **PÁGINA 124** DO LIVRO.

cynoclub/Shutterstock

PAVÃO

Kotomiti Okuma/Shutterstock

PINGUIM

Gallinago_media/Shutterstock

POMBO

ANA

A

ABELHA

irin-k/Shutterstock

BRUNO

B

BOLA

irin-k/Shutterstock

CAUÃ

DIEGO

C

D

COPO

DenisNata/Shutterstock

DADO

Cristina Nakamura/Shutterstock

ELIANA

E

ESTOJO

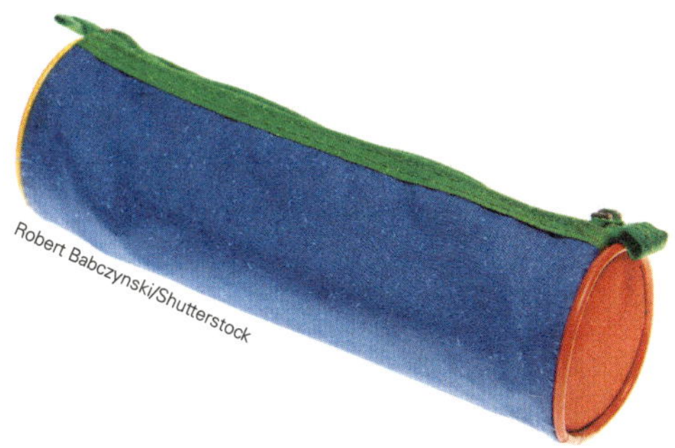

Robert Babczynski/Shutterstock

FELIPE

F

FOLHA

azure1/Shutterstock

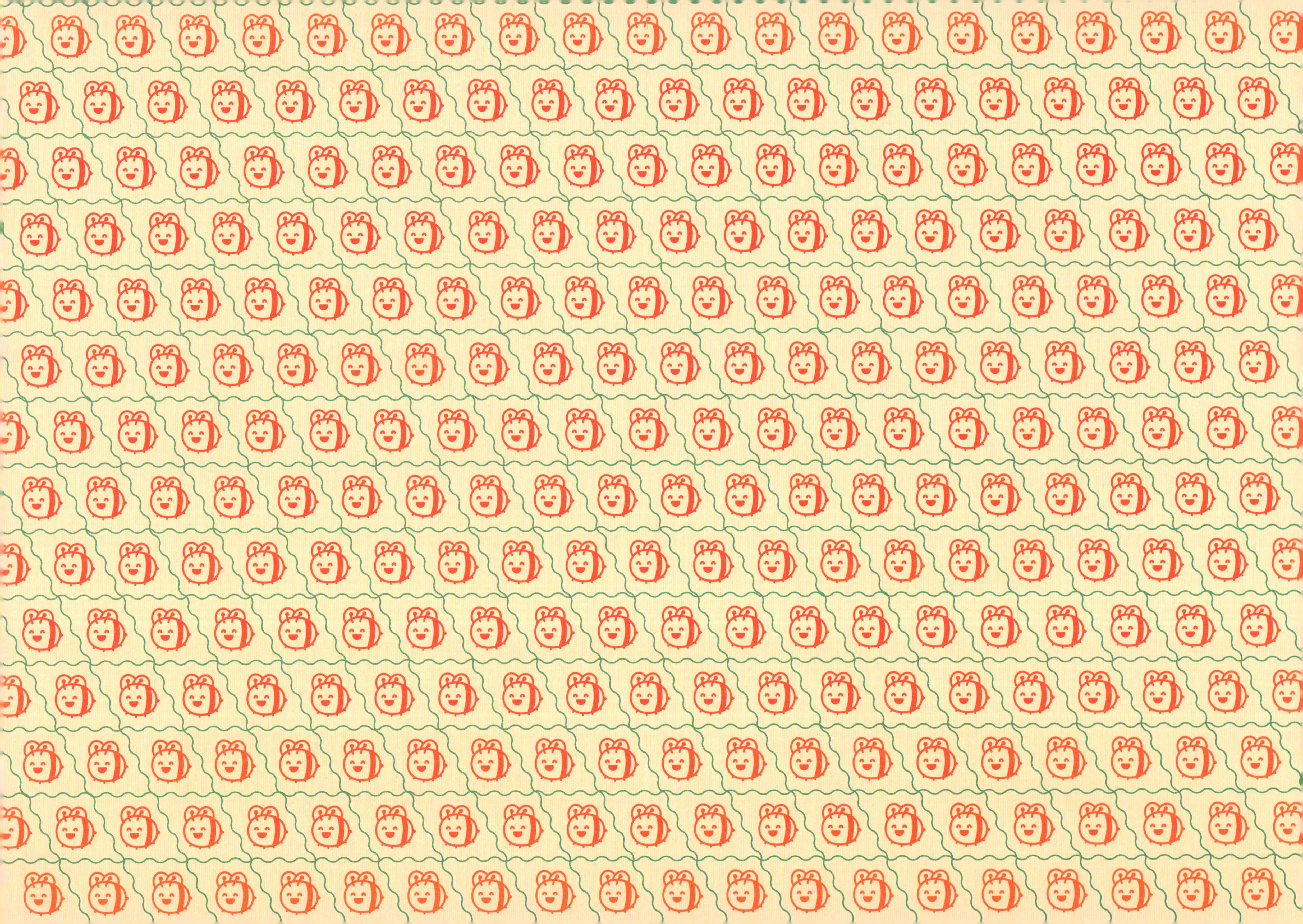

GABRIEL

G

GATA

Africa Studio/Shutterstock

HELENA

H

HAMBÚRGUER

Eivaisla/Shutterstock

ÍSIS

I

IGUANA

Vera Larina/Shutterstock

JOÃO

J

JACARÉ

Robert Eastman/Shutterstock

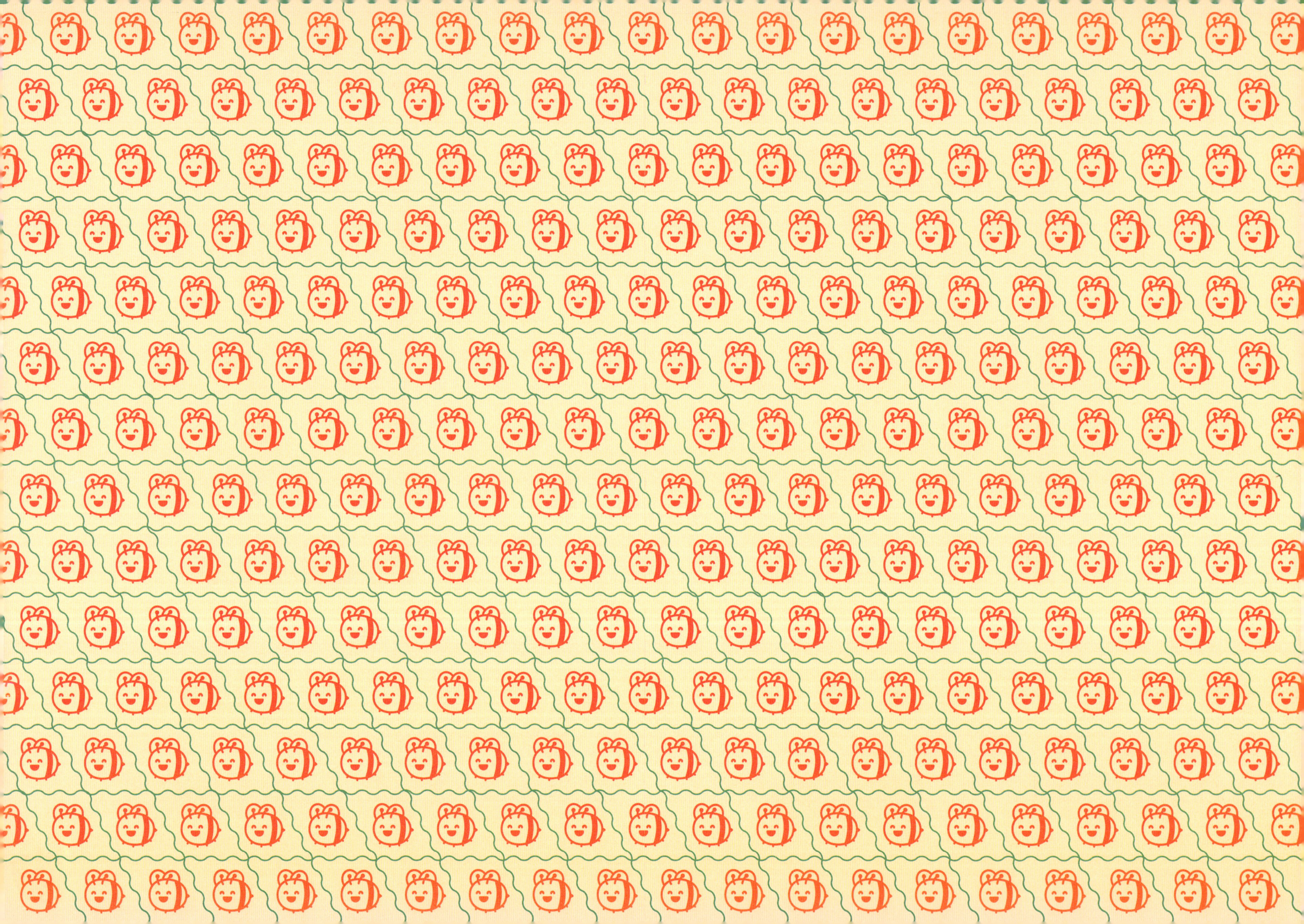

KÁTIA

K

KIWI

Roman Samokhin/ Shutterstock

LIA

L

LIVRO

Fotocam/Shutterstock

MANUELA

M

MAMÃO

yingtustocker/Shutterstock

NATÁLIA

N

NAVIO

Vereshchagin Dmitry/Shutterstock

OLAVO

O

OVO

Valery121283/Shutterstock

PEDRO

P

PATO

MisterStock/Shutterstock

QUIRINO

Q

QUIABO

MRS.Siwaporn/
Shutterstock

RAFAEL

R

RODA

Den Rozhnovsky/Shutterstock

SOFIA

S

TAÍS

T

SAPATO

goir/Shutterstock

TUCANO

Golbay/Shutterstock

URIEL

U

UVA

M Kunz/Shutterstock

VÍTOR

V

VACA

Eric Isselee/ Shutterstock

WILLIAM

XAVIER

W

X

WINDSURFE

Visual Generation/Shutterstock

XÍCARA

wegosi/Shutterstock

YOLANDA

Y

YAKISOBA

rodrigobark/Shutterstock

ZACARIAS

Z

ZERO 0

Reprodução/Arquivo da editora

Â

New Africa/ Shutterstock

LÂMPADA

Ã

mahirart/Shutterstock

MAÇÃ

Á

Ronnie Chua/Shutterstock

SABIÁ

Ç

Chiyacat/Shutterstock

CALÇA

É

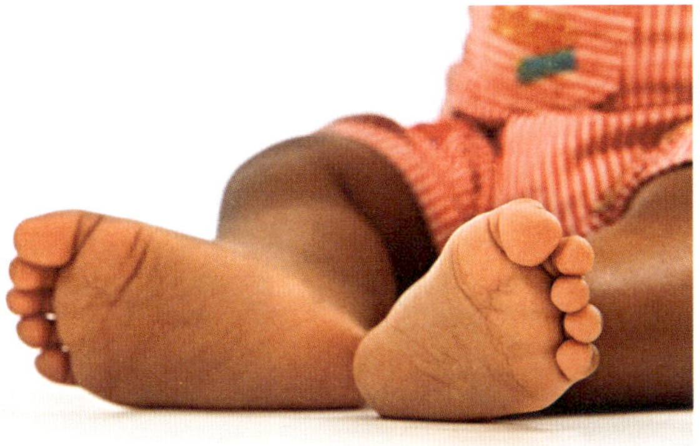

OtmarW/Shutterstock

PÉS

Ê

HstrongART/Shutterstock

TRÊS

Í

diogoppr/Shutterstock

AÇAÍ

Ô

paulaphoto/ Shutterstock

VOVÔ

Õ

Picsfive/Shutterstock

BOTÕES

Ó

Hogan Imaging/ Shutterstock

VOVÓ

Ú

koosen/Shutterstock

AÇÚCAR